사이버프라이버시

성선제 지음

서울경제경영

머리말

2014년에는 이른바 '웨어러블'(wearable) 컴퓨팅이 유행할 것이라 한다. 자고 일어나면 새로운 기술이 등장한다. 새로운 기술의 등장은 새로운 문제를 일으킨다. 현대사회는 급속히 디지털화 되고 있다. 농업혁명, 산업혁명에 뒤이어 IT 또는 디지털 혁명이 인류사의 큰 골간을 바꾸어 놓고 있음을 우리는 일상생활 곳곳에서 실감하고 있다. 현재의 우리의 일상생활은 디지털화한 기계 및 제도적 장치들로부터 잠시도 떨어져 있을 수 없다. 먹고 일하고 휴식하는 기본생활마저도 디지털화된 전자장치들과 관련되지 아니한 것이 거의 없을 정도가 되었다. 이른바 유비쿼터스(ubiquitous) 컴퓨팅 사회가 이미 시작되고 있는 것이다.

새로운 기술의 등장에 따른 새로운 도전의 대표적인 사례는 프라이버시 침해의 심각성이라고 할 수 있다. 사이버공간에서의 프라이버시 침해는 사이버공간의 특성으로 인하여 오프라인에서의 프라이버시 침해와 비교해 볼 때 피해자의 인권 침해가 매우 용이하며 순간적이고 광범위하며 심지어 제3자에 의하여 프라이버시가 조작될 가능성도 있다. 본서는 이러한 점에 착안하여 사이버공간이 인류에게 어떤 의미를 가지며, 21세기 IT 사회에서 왜 프라이버시가 문제되는지, 사례연구를 통해 사이버공간에서의 구체적인 프라이버시 침해의 유형과 그 보호대책은 무엇인지를 제시하고자 한다. 본서를 집필함에 있어서 다음과 같은 점을 주목하였다. 이러한 점을 참고하면 이해가 훨씬 쉬워질 것이다.

첫째, 『사이버프라이버시』라는 제목이 말해 주듯 기존에 존재하는 정형화되고 독립된 분야를 깊이 연구한 것이 아니라 사이버공간에서 문제되는 프라이버시에 대한 도전을 망라적으로 지칭한다는 점이다. 따라서 그 특성, 연혁, 침해원인, 외국의 프라이보시 보호 제도 등을 망라적으로 기술하였다. 규범적인 법학의 영역에만 머무르지 않고 현상에 대한 다양한 진단 등을 시도하였다.

둘째, 인간 사회에서 발생하는 갈등은 특정한 사회에 고유한 것일 수도 있고 특정한 사회를 뛰어 넘어 모든 사회에 공통적으로 발생하는 현상일 수도 있다. 프라이버시는 두 가지 특성을 모두 포함하고 있다고 할 수 있다. 따라서 본서는 프라이버시를 모든 사회에 공통적으로 발생하는 현상으로 보는 관점에서 프라이버시가 인류 역사에서 언제 발생했으며 왜 문제가 되었는지를 천착하고 그 대책으로 외국의 프라이버시 보호 제도를 살펴보았다. 어느 사회에서나 공통적으로 문제가 되고 있는 사이버프라이버시 과제를 실질적으로 해결하는데 필요하리라 판단된 외국의 프라이버시 제도는 다소 상세히 설명하였다. 그 중에서도 EU개인정보보호규칙 개정안은 앞으로 이 분야 연구의 시금석과 같은 역할을 할 것이므로 자세히 디루었음을 밝힌다.

셋째, 아울러 프라이버시가 특정한 사회에 고유한 것일 수도 있다는 관점에서 한국사회에서 특히 프라이버시가 더 크게 문제되는 원인과 대책들에 대하여 나름대로의 진단과 대안을 제시하였다. 그 동안 '단일민족'이라는 관념과 공동체 의식을 조사하고 이것이 IT를 통하여 증폭되는 과정을 설명하였다. 아울러 실정법인 『개인정보 보호법』의 해설은 곧 출간될 『개인정보 보호법』을 참고하기 바란다.

넷째, IT를 기반으로 하는 연구의 통계나 자료는 매우 빠르게 업데이트되고 있다. 그러나 본서를 집필함에 있어 저자의 게으름과 능력부족으로 일일이 최신 자료로 업데이트하지 못하였음을 솔직히 고백하지 않을 수 없다. 빠른 시일 내에 보완할 것을 약속드린다. 그 동안 연구를 단순히 모아 놓은 것에 불과하지 않는가 하는 자괴감마저 들지 않을 수 없다.

그럼에도 불구하고 조그마한 자료집으로서의 역할이라도 할 수 있다면 하는 소박한 기대를 가지고 출판하게 되었다. 혹시 내용에 오류가 있거나 미진한 부분이 있다면 그것은 전적으로 저자의 책임이다. 더 나은 개정판을 위하여 독자의 따가운 지적을 기대한다.

2014. 1
금강변 서재에서
성선제

차례

CHAPTER 01

사이버스페이스 출현

인터넷으로 대표되는 사이버스페이스(Cyberspace)는 한편으로는 희망이 넘치는 기회의 땅이자 다른 한편으로는 인류가 한번도 체험하지 못한 암흑의 공간일 수도 있다. 사이버스페이스의 출현으로 인하여 인류는 그 이전에 경험하지 못했던 새로운 편리를 누리게 되었으나 미처 예상하지 못했던 부작용이 속출하고 있다. 그 중의 하나가 프라이버시 침해의 심각성이라고 할 수 있다. 사이버스페이스에서의 프라이버시 침해는 사이버스페이스의 특성으로 인하여 오프라인에서의 프라이버시 침해와 비교해 볼 때 피해자의 인권 침해가 매우 용이하며 순간적이고 광범위하며 심지어 제3자에 의하여 프라이버시가 조작될 가능성도 있다. 그러므로 사이버스페이스는 인류에게 어떤 의미를 가지며, 21세기 정보기술(Information Technology:IT)사회에서 왜 프라이버시가 문제되는지, 사례연구를 통해 사이버스페이스에서의 구체적인 프라이버시 침해의 유형과 그 보호대책은 무엇인지 알아볼 필요가 있다.

21세기를 IT시대, 사이버시대 또는 정보화시대라고 말한다. 이러한 정의의 기초에는 인터넷으로 대표되는 사이버스페이스가 자리하고 있다. 현대사회는 급속히 디지털화 되고 있다. 농업혁명, 산업혁명에 뒤이어 IT 또는 디지털 혁명이 인류사의 큰 골간을 바꾸어 놓고 있음을 우리는 일상생활 곳곳에서 실감하고 있다. 현재 우리의 일상생활은 디지털화한 기계 및 제도적 장치들로부터 잠시도 떨어져 있을 수 없다. 먹고 일하고 휴식하는 기본생활마저도 디지털화된 전자장치들과 관련되지 아니한 것이 거의 없을 정도가 되었다. 이른바 유비쿼터스 컴퓨팅 사회가 이미 시작되고 있는 것이다.

사이버스페이스에서 정보의 대부분은 전자정보의 형태로 존재한다. 인터넷은 국가와 전세계 네트워크, 컴퓨터 기업과 통신 시스템, 이메일, 전자게시판, 휴대전화, 쌍방향 TV, 화상통신 등 헤아릴 수 없는 기술을 포함한 디지털 정보혁명의 실례이다. 인터넷으로 인류가 누리게 된 혜택은 수많은 정보를 적은 비용으로 신속하게 접근하여 정치 · 사회적으로 민주주의를 한층 더 고양시키고 있으며 경제적으로도 전자상거래를 비롯하여 업무의 효율과 생활의 질을 높이고 있다. 그러나 다른 한편 인터넷으로 대표되는 사이버스페이스은 프라이버시 침해의 용이성, 저작권 등 지식재산권 침해 및 명예훼손 등 부정적인 측면도 무시할 수 없다.

하지만 이러한 IT 사회 또는 정보화 사회의 목표도 인간의 존엄과 가치를 증진하는 방향으로 전개되어야 하며 그것이 바로 헌법의 궁극적인 가치이념이다. 프라이버시는 타인에 의하여 방해 받지 않고 혼자 있을 권리로서, 인간 존엄성의 본질적 내용을 형성하고 있다. 그러나 사이버스페이스의 특성과 IT의 도움으로 인하여 개인정보를 비롯한 프라이버시의 침해가 필연적으로 발생하고 있다. 개인의 사적 대화나 비공개를 전제로 한 기록들이 담긴 이메일이 컴퓨터에 불안전하게 저장되어 언제든 노출의 위험에 직면 하고 있다. 학교 · 병원 · 회사의 일상적인 활동도 모두 컴퓨터에 의해 처리됨으로써 이 데이터베이스에 접근하는 자는 한 개인의 일거수일투족을 어린이의 동화책에서나 봄직한 마법구술에서처럼 추적할 수 있는 사회가 되었다.

인터넷이라는 거대한 정보망에 의해 이 같은 정보가 마음만 먹으면 무한대로 공개될 수 있는 위험이 현실화되고 있다. 디지털화된 일상생활 속에서 개인에 관한 정보들은 IT의 발전으로 인하여 다양한 형식으로 변환이 가능하고 극히 짧은 시간에 공간적 제약을 넘어 유포됨으로 인해 개인의 프라이버시를 침해할 수 있다. 따라서 IT의 순기능을 최대한 유지하면서 역기능으로서의 프라이버시 침해 방지를 위한 제도적 장치의 마련이 시급하다.

따라서 여기에서는 IT 사회의 도래로 인한 사이버스페이스의 특성을 살펴봄으로써 오프라인 세계와 비교하여 사이버스페이스가 왜 프라이버시 침해를 더욱 더 가능하고 빈발하게 하는지에 대한 원인을 찾고자 한다. 먼저 프라이버시의 의의, 우리의 프라이버시 관념, 그리고 프라이버시의 가치를 살펴봄으로써 전통적인 프라이버시 논의가 IT로 인한 사이버스페이스에서의 프라이버시와 무엇이 같고 무엇이 다른지를 고찰하고자 한다. 또한 IT로 인한 사이버스페이스의 프라이버시가 오프라인의 프라이버시와 다르다면 그 대표적인 유형은 무엇인지 살펴본다. 다음으로 사이버스페이스상의 프라이버시 보호대책은 무엇이 있는가를 유형별로 고찰한다. 마지막으로 사이버스페이스상의 프라이버시에 대하여 문제점을 인식하고 먼저 보호 정책을 수립한 외국의 제도를 살펴본다.

CHAPTER 02

사이버스페이스 특성

2.1 사이버스페이스 정의

사이버(Cyber)라는 말은 '조타수' '통치자' 혹은 '운전자' 등의 뜻을 의미하는 그리스어에서 유래되었다고 전해지고 있다. 이 말은 미국의 수학자 Norbert Wiener가 정보처리 과정을 cybernetics라고 명명하면서 '인공두뇌 연구 컴퓨터로 자동 제어되는' 등의 현대화된 의미로 발전되었다. 즉 사이버가 의미하는 기술적 변화와 발전이 통신기술과 결합되면서 소위 정보통신혁명의 과정을 거쳐 정보화시대를 맞이하게 되었다.

사이버스페이스는 기회의 땅이자 인류가 한번도 체험하지 못한 암흑의 공간일 수도 있다. 사이버스페이스라는 말은 1980년대 초 윌리엄 깁슨(William Gibson)이라는 당시에는 별로 알려지지 않았던 소설가의 『Neuromancer』라는 공상과학 소설에서 처음으로 사용된 후 오늘날 일반적인 용어로 정착되었다. 이 소설은 정부를 대체한 대기업들과 보안자료를 놓고 전쟁을 벌이는 컴퓨터 해커들을 다룬 것으로, 그 내용의 대부분이 유형의 물질적 존재라고는 전혀 없는 컴퓨터 네트워크상의 가상의 무대를 배경으로 이루어지는데 Gibson은 이러한 무대를 “사이버스페이스(Cyberspace)”라고 명명하였다.

사이버스페이스의 시대는 1990년대 초 월드 와이드 웹(www : world wide web)의 발전과 더불어 본격적으로 시작되었다. 그동안 사이버스페이스 또는 온라인으로 일컬어지던 것이 이제는 새로운 “인터넷”이라는 용어가 등장하였다. 사이버스페이스, 온라인, 인터넷 등의 정의는 세부적으로 상이할 수 있으나, 정보화를 설명하는 도구로서의 정의는 크게 보아서 다르지 않다. 그러므로 앞으로 여기에서는 이 세 가지 용어를 기본적으로 같은 것으로 취급한다. 인터넷 초기에 대다수가 동의하는 신비스러운 점은 아무도 인터넷에 대한 책임이 없다는 것이었다. 그러므로 무정부주의 및 자경주의가 판을 치던 무법의 프런티어(Lawless Frontier)로서 “황야의 서부” 은유가 사이버스페이스를 가장 적절히 묘사하고 있다고 할 수 있다.[1]

2.2 사이버스페이스 특성

1. 정보의 디지털화

20세기 후반에 일어난 디지털 정보혁명은 500여 년 전의 인쇄발명에 맞먹는 변화를 몰고 왔다. 이 혁명은 지금까지의 매스미디어 혁명을 송두리째 뒤집어놓을 정도로 정보를 주고받는 방식을 혁명적으로 변화시키고 있다. 지금까지의 매스미디어를 중심으로 한 커뮤니케이션 환경이 중앙화된 수직적 · 폐쇄적 구조 특징으로 하고 있다면, 21세기 정보화사회의 커뮤니케이션

---

1 Stuart Biegel, Beyond Our Control? 4.

환경은 분권화된 수평적 · 개방적 구조를 그 특징으로 할 것이 전망된다.[2]

이러한 변화는 컴퓨터와 통신기술의 발전 그리고 양자의 융합에 따른 기술적 및 정보환경적 특성에 바탕하고 있다. 정보의 디지털화란 정보의 재생능력이 무한히 확대되며 빛의 속도로 전달될 수 있는 것을 의미한다. 그래서 기존의 매체에서는 정보의 수신자에 불과했던 일반 대중이 사이버스페이스에서는 정보의 발신자가 될 수도 있다. 사이버스페이스는 전 세계 누구나 원할 경우 시간과 공간의 제약을 거의 받지 않고 정보에 접근하고 이용하는 것이 가능하다.[3]

그리고 디지털방식은 정보를 완벽하게 복제할 수 있다. 또한 디지털 방식은 정보를 능동적으로 처리하고 조작할 수 있게 한다. 예컨대, 사용자는 직접적으로 텍스트, 소리, 이미지 등을 자유롭게 재생하고 전진과 후진, 증폭, 에러 수정, 요약, 축약, 암호화 등을 자유롭게 할 수 있다.

이러한 기술적 혁명으로 인해 인터넷에서는 일반 사용자도 쉽게 저렴한 비용으로 정보를 발신할 수 있다. 인터넷상에 정보를 올리면 순식간에 세계를 향하여 정보를 송신할 수 있게 된다. 결국 사이버스페이스는 정보의 품질이 전혀 손상되지 않은 상태로 정보의 복제가 용이하게 행하여지며 디지털화된 정보를 복제하고 배포하는 비용은 무시해도 좋을 정도로 적게 소요된다. 이전의 문서사회 그리고 아날로그 사회에서 개인의 프라이버시가 침해되기 위해서는 시간적으로 그리고 경제적으로 비용이 소요되었으며 또한 기술적인 면에서 현실적으로 불가능한 경우가 일반적이었다. 그러나 이

2 헌법재판소, 사이버스페이스상의 표현의 자유와 그 규제에 관한 연구, 헌법재판연구 제13집, 19면(2002).

3 Nicholas Negroponte/백욱인(역), 디지털이다, 16면(1995).

러한 정보의 디지털화는 무시해도 좋을 정도로 극히 미미한 비용으로 순식간에 전 세계를 향하여 그것을 가능하게 하고 있다. 즉 디지털방식의 특성으로 인하여 완벽하게 복제가 가능하고 아울러 정보를 능동적으로 처리하고 조작할 수 있으므로 정보의 디지털화는 결국 프라이버시 침해를 광범위하게 유포시키는 촉매제 역할을 하고 있다.

2. 정보의 네트워크화

사이버스페이스, 즉 컴퓨터 온라인 네트워크는 정보유통을 과거 운송형태에 의존하던 과정에서 전자의 속도로 정보가 이동하는 과정으로 변화시킨다. 컴퓨터 네트워크로 인한 가장 현저한 변화는 시간적 차원보다는 공간적 차원에 대한 것이라고 할 수 있다. 과거에는 공간적으로 멀리 떨어져 있어 접근할 수 없기에 가치를 지니지 못했던 많은 정보들이 이제는 컴퓨터 네트워크의 도움으로 얼마든지 접근이 가능하게 되었고 따라서 그 정보의 유용성과 가치도 한층 증대되기에 이르렀다.

이와 마찬가지로 과거에는 원격적인 관계 밖에 유지할 수 없었던 사람들도 이제는 서로 효과적인 상호작용을 할 수 있는 동료가 되었다. 사람들이 과거에는 고립되고 분리되어 있던 정보를 이제는 마치 한 곳에 있는 정보처럼 공유하며 사용하게 되고 이전에는 서로 떨어져 있었던 사람들도 과거보다 더 자주 의사 교환을 하게 되면서 새로운 인간관계와 제도가 형성되고 있다. 이제 정보유통을 방해할 수 있는 국경이나 장애물이 줄어들었으며 전반적으로 보아 커뮤니케이션에 있어 이제는 '거리'의 문제가 그다지 중요하지 않게 되었다.

정보의 네트워크화로 인하여 사이버스페이스에서는 결국 프라이버시 침해가 증가될 위험이 있다. 기존의 고립된 개인은 멀리 있는 제3자에 대해서 관심도 적었고 알기도 어려웠으며, 설령 프라이버시 침해 행위가 있더라도 유포의 범위가 넓지 않았으며 사정을 잘 모르는 제3자는 이를 프라이버시 침해로 인식하는 경우도 드물었다. 따라서 프라이버시 침해의 가능성도 상대적으로 적었다. 하지만 사이버스페이스는 이렇게 멀리 떨어져 있는 제3자를 네트워크를 통하여 교류하게 해주며 관심을 유발한다. 따라서 기존의 인쇄매체에서는 프라이버시 침해의 가능성이 희박하던 것이 사이버스페이스에서는 상대적으로 프라이버시 침해의 가능성이 높아지게 되었다.

3. 정보전달의 상호작용

사이버스페이스에서는 다양한 형태의 정보교환이 가능하다. 기존의 매체에서는 각 매체의 특성에 따라 정보의 전달형태가 어느 정도 제한되었다. 그런데 사이버스페이스는 이메일과 같이 1대1 또는 1대 다수의 송신, 뉴스그룹과 같이 데이터베이스의 단속적 배포, 채팅에서와 같이 문자에 의한 동시통신, 인터넷과 같이 원격지에 있는 컴퓨터의 정보검색이라고 하는 다양한 정보전달이 이루어지고 향후 그 종류가 더 증가할 것이다. 결국 종래의 매체는 대체로 일방향(one-way) 미디어로서 똑같은 내용을 담은 복사본을 많은 사람들에게 배포하는 것이었다. 하지만 인터넷을 이용한 커뮤니케이션 특히 네트워크를 통한 정보전달은 대부분이 쌍방향(two-way)이다. 즉 사이버스페이스는 인터넷을 통한 상호작용으로 정보의 쌍방향 흐름을 촉진시킨다. 네트워크로 연결되는 인터넷이 증가하면서 우리가 상호작용하게 되는 인터넷의 수도 증가하게 된다.

그러므로 우리는 이전에 비해 더 많은 정보를 얻을 수 있지만 상호작용의 결과로 동시에 우리는 그 과정에서 자신들에 대해 이전보다 더 많은 것을 드러내게 된다. 이제 정보획득은 더 정확히 말하자면 일종의 정보거래가

되어 버리고 정보 획득에 따른 대가는 바로 일정한 자신의 개인정보를 공개하는 경우가 대부분이다.[4] 예컨대 자신의 성명, 주소, 주민등록번호 등을 제공하여야만 타인의 정보를 검색할 수 있는 권한이 주어지고 자신의 정보는 또한 타인에 의하여 다른 용도로 사용되기 위하여 수집되고 이용되기도 한다. 즉 자신의 정보에 대한 공개는 기존의 매체에서는 상호 작용의 부존재로 인하여 프라이버시 침해를 구성하지 않았던 것이 사이버스페이스에서는 상호작용으로 인하여 내용의 변경 또는 조작이 가해질 수 있고 결국 프라이버시 침해가 될 가능성이 높아지게 되었다.

4. 하이퍼텍스트

하이퍼텍스트(hypertext) 또는 하이퍼미디어라는 말은 이용자나 독자가 다양한 방식으로 사이버스페이스상의 정보 속을 이동하거나 그 정보를 넘어서 이동할 수 있도록 배열되어 있는 화면상의 정보를 가리킨다. 하이퍼텍스트는 정보들 사이를 자유로이 항해할 수 있고 인쇄로는 불가능했거나 적어도 매우 힘들었던 그런 방식으로 정보를 이용할 수 있도록 해 주는 새로운 도구이다.[5] 하이퍼텍스트는 인쇄매체에서 가능했던 것보다 훨씬 더 유연한 방식으로 정보를 다른 정보와 연결될 수 있도록 해준다. 하이퍼텍스트는 디지털 매체가 지닌 상호 작용기능의 확장으로 이해될 수 있다. 따라서 이용자는 인쇄 매체를 사용하는 경우보다 고를 수 있는 선택대안을 더 많이 가질 수 있게 되었다. 결국 하이퍼텍스트는 커뮤니케이션을 위한 촉매제 역

---

4 M. Ethan Katsh, "Rights, Camera, Action: Cyberspatial Settings and the First Amendment,"104 Yale. L. J. 1681, 1697(1995).

5 헌법재판소, 사이버스페이스상의 표현의 자유와 그 규제에 관한 연구, 헌법재판연구 제13집, 25면(2002).

할을 하고 있다.

하이퍼텍스트 역시 프라이버시 침해를 증가시킬 위험이 있다. 하이퍼텍스트의 경우는 사이버스페이스에서 정보 사이를 자유롭게 이동하거나 그 정보를 넘어서 이동할 수 있기 때문에 고립된 특정 부분이 다른 고립된 특정 부분과 연결될 수 있고 이동 또는 재배치가 가능하므로 사생활이 조작되고 공개되는 등 침해가 가능하고 또한 증가하고 있다.

5. 익명성

전통사회에서는 구성원들 모두가 대체로 서로의 정체성을 숙지하고 있으므로 반투명 혹은 투명한 사회라고 할 수 있을 것이다. 이러한 사회에서는 상호 은밀한 또는 숨겨진 부분이 없으므로 프라이버시가 문제될 여지가 적었다. 이러한 전통사회에서의 인간관계는 전인적이거나 총체적 자아간의 관계로서 공적인 삶과 사적인 삶 간의 구분이 모호할 뿐만 아니라 경우에 따라서는 불필요한 공간이라고 할 수 있을 것이다. 그러나 전통사회의 해체로부터 도래하는 시민사회에서는 낯선 사람들(strangers)이 상이한 이해관계를 중심으로 이합집산하는 익명적 공간이 출현하였다.

더구나 IT사회는 이러한 시민사회 혹은 대중사회에서의 익명성의 문제가 더욱 심화되어 혹은 새로운 양상으로 나타나고 있으므로 사이버스페이스에서의 익명성은 프라이버시 침해를 적극적으로 조장 내지는 유발하고 있다. IT 사회가 제공하는 사이버스페이스의 익명성은 과거에 비해서 보다 더 입체적이고 보다 철저히 보장되는 익명성이다. 즉 사이버스페이스는 익명성이 갖는 명암과 그 야누스적 얼굴을 보다 강화되고 증폭시켜 주고 있다. 익명성은 무한히 해방적인 측면을 갖는 동시에 무한히 비도덕적인 측면을 가질 수 있는 것이다.[6] 사이버스페이스에서의 익명성은 개인의 실제 정체를 드러내지 않음으로써 사회적 차별이나 정치적 보복에 대한 두려움 없이 진실한 목소리를 낼 수 있다는 긍정적인 측면에도 불구하고 말과 행위에 대한 도덕적 책임성을 약화시키도 한다.

익명적 커뮤니케이션의 장점으로 범죄, 부정 등에 관한 매스컴의 독자적 조사에 필수적으로 요청되는 익명의 취재원 보호, 내부고발자 보호, 정보제공자 혹은 증인의 보호에 따른 법집행, 알코올 중독자, 에이즈 감염자 등 신원이 밝혀지면 사회적으로 낙인이 찍히는 곤란한 상태에 있는 사람들의 자존심 앙양과 치료 가능성, 개인의 프라이버시 보호와 언론과 사상의 자유, 비민주적 정부 비판에 따른 정치적 박해의 회피 등이 거론되고 있다.

그리고 그 해악으로는 스팸 메일, 해커와 크래커, 중상모략과 명예훼손, 증오성 메일, 비인격화와 아이디 사취와 도용이라는 의사신원, 온라인 금융 및 전자상거래 사기, 개인정보 누설, 정보에 대한 신뢰성 감소, 법집행의 곤란성, 그 외 돈세탁, 마약거래, 범죄단체의 조직과 연락, 지적재산권의 침해 등 사이버 범죄가 언급되고 있다.[7]

또한 개리 맑스(Gary Marx)는 익명성의 정당화 근거로서 정보 유통의 촉진, 연구를 위한 개인적 정보의 획득; 정보의 내용 자체에 대한 주의 집중 촉구; 진실한 사례보고와 정보 추구, 그리고 자조 정신의 증진; 불법적 행위를 포함하나 보다 큰 해악을 없애기 위해서 필요한 정보의 원천 보호; 기증자나 사회적 논란의 대상이 되는 임무 수행자의 보호; 전략적 경제적

6 강홍렬 · 윤준수 · 황경식, 고도정보사회의 정보윤리확립을 위한 정책방안, 정보통신정책연구원, 48～49면 (1997).

7 Rob kling and Ya-ching Lee, "Assessing Anonymous Communication on the Internet: Policy Deliberations," The Information Society, vol.15, pp.79～90 (1999).

이익의 보호; 침입자들로부터 시간, 공간, 인격의 보호; 공정한 심사의 수행; 명성과 재산의 보호; 정치적 박해의 회피; 사회적 축일, 관행, 게임 효과의 증진; 개인적 관심사를 포함한 프라이버시의 보호, 발신전화번호 확인장치에 거부감을 느끼는 등의 전통적 기대 등을 제시하고 있다.[8]

익명성을 평가하는 기준으로는 미국과학진흥협회(American Association for the Advancement of Science)가 제시하는 다음의 4가지 정책적 권고안을 고려할 수 있다.[9]

첫째, 온라인상의 익명적 통신은 그 자체로 선도 아니고 악도 아닌 도덕적으로 중립적이라는 것이다. 이 원칙에 따르면 익명성은 그것이 사용되는 상황에서 그 도덕적 함축성이 결정되므로 익명성의 해악에만 관심을 집중하여 규제 일변도로 나아가는 경우 익명성의 순기능을 저해할 뿐만 아니라 인터넷 발전 그 자체까지도 심각하게 저해할 수 있다고 권고하고 있다.

둘째, 익명적 통신은 기본적 인권의 하나로 간주되어야 한다는 것이다. 익명성과 그에 따른 프라이버시와 표현과 양심의 자유는 유엔 인권선언이나 각국의 헌법에서 도출될 수 있는 기본적 권리이므로 이에 대한 제한은 반드시 오프라인에서의 제한과 동일한 수준과 맥락에서 이루어져야 하며 온라인에 대해서만 특별히 제한하는 것은 바람직하지 않다고 권고한다.

셋째, 익명성의 정도와 그 허용 여부에 대한 판단은 국가가 아니라 해당 사이버 공동체가 자율적으로 수행할 수 있도록 허용되어야 한다는 것이다.

넷째, 각 개인은 그들의 신원이 온라인상에서 공개되는 정도와 범위에

---

8 Gary Marx, "What's In A Name? Some Reflections on the Sociology of Anonymity," Information Society, vol.15, pp.102～107 (1999).

9 Al Teich, Mark S. Frankel, Rob Kling, and Ya Ching Lee, "Anonymous Communication Policies for the Internet: Results and Recommendations of the AAAS Conference," The Information Society: An International Journal: vol. 15, no. 2, pp.71～78 (1999),.

대한 정확한 정보를 획득할 수 있어야 한다. 사이버스페이스에서는 정보발신자의 익명성이 가능하다. 이것은 특히 표현의 자유를 촉진하는 매우 중요한 의미가 있다. 권력이 비대칭인 오프라인 세계에서는 불가능한 비판이나 비난이 익명을 전제로 한 사이버스페이스에서는 가능하다. 누구라도 발신자가 될 수 있는 익명성이 가능하며 신문 · 방송 등과 같이 사전에 이를 통제할 수 없는 점 등으로 인하여 기존의 인쇄 및 방송매체에 비하여 프라이버시가 침해될 가능성이 빈번하고 인터넷이라는 범세계적 특성상 피해가 순식간에 그리고 광범위하게 확산된다.

바로 이 점에서 헌법상의 원칙인 표현의 자유와 인격권의 한 형태인 프라이버시 보호가 갈등을 일으키고 있다. 양자의 조화에 대하여 최근의 Reno v. American Civil Liberties Union 사건에서[10] 미국 연방대법원은 1996년 통신품위법(Communications Decency Act of 1996, 일명 CDA)과 인터넷에 관한 규제를 위헌이라고 선언하면서 인터넷의 익명적 특성으로 인한 표현의 자유 증진에 대한 기여를 고려하여 인터넷을 "사상의 신시장(new marketplace of ideas)"이라고 정의하며 이를 보호하고자 했다.

2.3 사이버스페이스 유추

사이버스페이스가 제2의 생활공간이라면 그 곳에서의 행위에 어느 정도의 규칙은 필요할 것이다. 그러나 이러한 규제가 의미 있기 위해서는 사이버스페이스가 현실의 공간과 과연 얼마나 상이한 지를 먼저 검토하여야 할 것이다. 인터넷이 정보를 보내고 받는 단순히 또 다른 형태의 하이테크

10 Reno v. American Civil Liberties Union, 521 U.S. 844, 885 (1997)

수단이라면 다른 형태의 커뮤니케이션 수단에 적용되는 법과 정책이 여기에도 아마 적용될 수 있을 것이다. 차이점이 단지 정도의 차이라면 법 분야에서 약간의 미세한 조정만이 필요할 것이며 문제 해결은 상대적으로 어렵지 않을 것이다. 하지만 온라인 세계가 오프라인 세계와 뚜렷이 구분될 만큼 다르다면 규제는 한층 더 복잡해질 것이다.

1990년대 버전의 인터넷은 더욱 더 새로워지고 다양한 특징을 갖는 커뮤니케이션 수단으로 광범위하게 사용되었다. 그것은 메시지의 즉각적이며 지구적인 전송수단을 제공하고, 다수의 사람들과 통신할 수 있는 능력을 확대하였으며, 그리고 유례없이 정보에 접근할 수 있는 수단으로 부상하였다. 많은 이들은 인터넷이 그 전의 다른 형태의 통신수단들과 충분히 다르다는 것에 동의하고 있다.

이러한 인터넷의 정확한 자리매김에 대한 논의는 Reno v. ACLU 사건에서[11] 정면으로 부각되기 시작하였다. 최초의 인터넷 관련 사건에서 변호인과 법관들은 사이버스페이스의 본질과 이와 가장 유사한 유추에 대한 개념정립을 시도하였다. 원고측 변호인인 법무차관은 구두 변론에서 인터넷은 일종의 도서관(library)으로 유추할 수 있다고 주장하였다. 원고측 변호인은 다수가 인터넷을 리서치 도구로서 사용한다는 사실에 기초하여 통신품위법은 단순히 저속한 자료들을 도서관의 "다른 자료실(a different room)"에 분리하여 비치하는 것이라고 주장하였다.[12] 피고측도 다른 이유로서 도서관 유추를 지지했다.

미국도서관협회 관계자는 구두변론에서 "통신품위법은 정보의 공적인

---

11 Reno v. ACLU, 521 U.S. 844 (1997)

12 Oral Argument of Seth P. Waxman, Esq. On Behalf of the Appellants, Cyber-Liberties: American Civil Liberties Union.Stuart Biegel, Beyond Our Control? 26 재인용 (2001).

접근을 제공하는 인터넷을 전국에 보급하려는 도서관을 주저하게 만들 것이라는 위협에 법관들이 특별히 주목하는 것"이라며 이것은 반가운 일이 아닐 수 없다고 하였다.[13] 한편 브라이어(Breyer) 대법관은 구두변론에서 인터넷은 단지 전화(telephone)와 좀 더 흡사하다고 생각했다. 당시의 온라인 사용자의 다수가 전화선에 의한 모뎀을 통하여 통신한다는 것을 비춰볼 때 이러한 유추는 적절해 보인다. 브라이어는 온라인에서 고등학교 학생들이 자신들의 성적인 경험을 토론하는 것은 단지 전화를 통한 십대의 수다와 유사하다고 볼 수 있으며 그러한 행동을 처벌하는 것에 대하여 진심으로 우려를 표명하였다.[14] 이에 대하여 오코너(O'Connor) 대법관과 케네디(Kennedy) 대법관은 인터넷은 수정헌법 제1조가 보호하려는 목적인 전통적인 공적 광장에 해당하는 거리나 공원(street corner or park)이라고 견해를 피력했다.[15] 인터넷의 성격이 공로 또는 사적인 쇼핑몰에 더 유사한지 여부에 대하여 광범위한 논의가 진행되어 왔다.[16]

하지만 정부는 다른 사건에서 인터넷은 방송(broadcast)과 더 유사하다는 견해를 선호하는 것처럼 보였다. 정부는 Reno 사건에서 이전의 FCC v. Pacifica 사건[17] 을 인용하였다. Pacifica 사건에서 대법원은 "방송은 그 광범위성과 아동의 접근가능성 때문에 가장 제한된 상태에서 수정헌법 제1조의

---

13 Stuart Biegel, Reno v. ACLU in the Supreme Court: Justices Hear Oral Argument In Communication Decency Act Case, UCLA Online Institute for Cyberspace Law and Policy, March 27, 1997,〈http://www.gseis.ucla.edu/iclp/mar97.html〉(2013년 9월 2일 방문).

14 Id.

15 Id.

16 Prune Yard Shopping Center v. Robins, 447 U.S. 74 (1980).

17 438 U.S. 726 (1978).

보호를 받는다"고 판시했다.[18] Pacifica 판례를 인용하며 정부는 인터넷에서도 저속한 자료에 부주의하게 노출될 위험이 있으므로 사이버스페이스상의 언론을 제한할 수 있어야 한다고 주장했다.[19]

대법원은 Reno 사건에서 인터넷이 도서관 또는 쇼핑 몰에 좀 더 유사한 것이라고 판단하였지만 구두변론에서 제기된 다른 유추도 상황에 따라서는 적용가능하다고 할 수 있다. 사실 20세기말에 출현한 인터넷은 위에서 언급한 것 – 도서관, 전화, 공원, 쇼핑 몰, 방송 등 –이상이라고 할 수 있다. 과거의 어떠한 통신수단도 이러한 다양한 목적을 위해 인류에게 봉사한 경우는 역사상 찾아보기 힘들다. 지금도 계속하여 사이버 스페이스의 개념 형성이 진행 중이다. 사이버스페이스는 더 이상 하나의 장소가 아니고 서로 완전히 다른 분리된 사이버스페이스의 연속으로서 인식되어야 한다.

인터넷이 이렇듯 다름에도 불구하고 그 정도에 대해서는 학자와 법률가 그리고 입법자들 사이에 심각하게 견해가 대립하고 있다. 첫째, 인터넷은 제한된 경우에만 새로운 규제가 필요하며 전통적인 경우와 간헐적으로 다르다는 견해이다. 둘째, 인터넷은 여기에서 조금 더 나아가 필연적으로 발생하는 문제들을 해결하는데 새롭고 다른 방법을 필요로 하는 디자인과 본질이 충분히 다르다는 견해이다. 셋째, 인터넷은 여기에서 더 나아가 일반적으로 통용되는 시간과 공간을 초월하는 형이상학적 은유로 시간과 공간이 전혀 다르다고 보는 견해이다.

---

18 Id. at 748.

19 Oral Argument of Seth P. Waxman, Esq. On Behalf of the Appellants, Cyber-Liberties: American Civil Liberties Union.Stuart Biegel, Beyond Our Control? 26 재인용 (2001).

2.4 사이버스페이스 관점

정보화 사회의 발달로 도래한 사이버스페이스에 대한 법적인 평가는 각양각색이다. 그런데 사이버스페이스를 바라보는 시각은 크게 전통적 견해, 중간적 견해, 그리고 지리적 · 시간적으로 완전히 구별되는 새로운 공간으로 보는 견해 등으로 구분할 수 있다.

1. 전통적 견해

전통적 견해(traditional view)는 사이버스페이스란 물리적 공간과 다른 공간이기는 하지만 큰 차이점은 없으며 새로운 신기술이 적용된 사회 현상을 부풀려 얘기하는 것에 지나지 않는다고 하고 있다.[20] 인터넷을 단지 약간 다른 것이라고 주장하는 이 견해에 의하면 사이버스페이스는 그 자체가 귀찮은 용어이다. '사이버스페이스' 용어 그 자체는 최소한 다른 공간을 의미하며 이것은 재미있는 은유일지는 몰라도 현실을 적절하게 묘사하는 것은 아니다.[21]

이 견해에 의하면 인터넷은 다방면에서 압도적으로 독특하지만 결국 컴퓨터 네트워크의 네트워크에 지나지 않는다. 분리된 또는 다른 공간이란 존재하지 않는다. 사람들은 결코 사이버스페이스 안에 존재하는 것이 아니라 컴퓨터 앞에 앉아 다른 컴퓨터를 접속하는 것이다. 웹사이트나 쌍방향 토론광장은 가상공간에 존재하는 것이 아니라 지리적으로 특정한 곳에 위치한 물리적으로 존재하는 서버에 저장된 디지털화된 대표를 말하는 것이다. 이

---

20 Jane Ginsberg, Putting Cars on the 'Information Superhighway': Authors, Exploiters, and Copyright in Cyberspace, 95 Colum. L. Rev. 1466 (1995).

21 Jack L. Goldsmith, Against Cyberanarchy, 65 U. Chi. L. Rev. 1199 (1998).

러한 뉴미디어의 결과로 삶의 방식이 변화할 수 있지만 현행의 법과 규제는 대부분의 경우 발생하는 문제와 분쟁에 적절하다. 결국 이 견해는 현행의 규제 원칙을 다른 형태의 커뮤니케이션에도 적용시킬 수 있다고 주장한다. 현재의 사람들은 과거의 사람들이 행동하였던 것과 똑같이 행동하고 인터넷이 존재하기 전에 행동하였던 것과 똑같이 인터넷을 통하여서도 행동하고 있기 때문이다.

이러한 입장은 사이버스페이스 역시 인간의 세계이기 때문에 기존의 법 개념이나 법이론을 통해서 문제를 충분히 해결해 나갈 수 있다는 것이다. 이들은 사이버스페이스와 가장 관련이 많은 법영역들을 추려서 사이버법학 또는 정보법학이라는 이름으로 저서를 내놓기도 하였으며, 기존의 법리로 사이버스페이스에서 발생하는 법적 문제들을 다루었다. 이들의 입장에서는 사이버스페이스에서 이루어지는 국적이 다른 개인들간의 거래는 국제거래법에 의해서 해결하면 될 것이고, 범죄행위 역시 현실 공간에서 발생하는 행위를 다루는 법리에서 추론해서 사이버범죄를 처리하면 될 것이라고 생각한다.

볼록(Volokh)은 전통적 견해의 대표자이다. 그는 커뮤니케이션 혁명에 열렬히 찬성하며 미래의 많은 변화를 예측하는 사람이지만 인터넷이 다른 공간이라는 주장에는 반대한다.[22] 예를 들면, 그는 디지털 세계란 새로운 규제의 발전을 필요로 하는 급격한 변화를 촉진하는 일련의 과정이라고 한다. 전통적 견해를 지지하는 그룹은 간헐적으로 사이버버스페이스라는 용어를 사용하기는 하지만 컴퓨터 네트워크 또는 전자적 환경, 또는 신기술이라는 용어를 보다 더 선호한다.

---

22 Eugene Volokh, Technology and the Future of Law, 47 Stan. L. Rev. 1375 (1995).

2. 중간적 견해

중간적 견해(moderate view)는 사이버스페이스가 디자인(design)과 활동(activity) 면에서 구별되는 별도의 가상공간이며, 이것은 광범위하고 과학적인 용어로 설명되어야 하는 공간으로 이해한다.[23] 이 공간에서는 어느 정도의 무질서를 용인하는 자유주의적 문화와 공개성을 중요시하는 것이 특징이다.

중간적 견해를 취하는 그룹은 '사이버스페이스'라는 용어에 상당히 우호적이다. 디자인 관점에서 네트워크된 환경의 다른 점은 이러한 매체에서 상호작용을 지배하고 일대일, 다대일, 다대다로 즉시 통신할 수 있는 능력을 포함한 독특한 조합이며 물리적 거리로부터 의사소통이 독립이며 의사소통의 진입장벽이 상대적으로 낮다는 것이다. 이 견해는 네트워크된 환경을 별도의 가상공간으로 인정한다. 중간적 견해의 주창자는 이러한 것이 일어나는 장소를 다른 공간이라고 정의하는 것이 논리적이라고 설명한다. 그것은 개념적으로 다른 것이며 법적으로도 다른 곳이며 물리적으로도 다른 곳이다. 적절하고 일반적인 디자인으로서 사이버스페이스라는 용어를 수용하는 것은 이것이 본질적으로 별도의 공간이라는 것을 묵시적으로 인정하는 것이라고 주장한다.

이러한 견해를 취하는 그룹에 의하면 사이버스페이스는 은유 그 이상이다. 사이버스페이스에서는 일상생활에서 일반적으로 불가능한 익명성을 어느 정도 보장할 수 있다. 사람들은 익명성이 보장되지 않는 타인의 앞에서 행동하는 것과 다르게 익명성이 어느 정도 보장되고 타인을 마주 대하지 않는 가상공간에서 좀 더 자유스럽게 행동할 수 있을 것이다. 그래서 어느

23 Lawrence Lessig, The Path of Cyberlaw, 104 Yale L. J. 1743 (1995).

정도의 무질서 또는 무정부주의적인 행동이 사이버스페이스에서는 용인될 것이며 시대와 내용에 구애 받지 않는 표현의 자유가 이루어질 수 있다.

중간적 견해로서 독특하게 레식(Lessig) 교수는 사이버스페이스가 법의 영역에 가져오게 될 재앙적 사태를 예견하고 있다. 그는 사이버스페이스를 현실공간의 세계와 완전히 다른 세계라고 보지는 않지만, 그렇다고 해서 기존의 법개념이나 법이론으로 사이버스페이스에서 발생하는 법률문제, 아니 그 속에서 나타나는 현상 전체를 포섭할 수는 없다고 인식한다. 특히 주목하는 것은 사이버스페이스에서 발생하는 현상의 차이이다. 현실공간의 세계와 다르게 통제되고 규제될 수 있는 사이버스페이스에서 과연 기술들, 즉 코드(Code)가 지배하게 될 때 궁극적으로 우리 인간들은 무엇을 상실하게 될 것인가 하는 물음을 던진다.[24]

3. 새로운 견해

새로운 견해는 사이버스페이스를 완전히 새로운 세계의 도래로 인식하는 것이다. 이러한 입장은 기존의 법개념이나 법이론이 새로운 세계에서 발생하는 현상들을 충분히 포섭하지 못할 것이기 때문에 현실공간에 적용되는 법개념들과는 다른 새로운 법개념을 정립해야 한다고 주장한다. 사법의 기본인 인 · 시간 · 공간의 개념을 완전히 새로 구성해야 한다고까지 주장한다. 물론 초기에 사이버스페이스를 접한 사람들로서는 충분히 가능한 일이었다. 사이버 인격체가 등장하는 기존의 시간과 공간의 개념을 초월하여 펼쳐지는 사이버 세계에서 이러한 문제제기는 당연한 것이기도 했다.

24 코드에 관하여 자세한 것은 Lawrence Lessig, Code (1999); 김정오 역, 사이버스페이스의 법과 이론: 코드 (2000) 참조.

새로운 견해는 사이버스페이스를 지리적 · 시간적으로 완전히 분리된 새로운 공간으로 간주한다.[25] 이것은 지리적 거리와 시간을 초월하는 별도의 형이상학적 공간이며, 신체의 물리적 이동 없이 정신(mind)을 이동할 수 있는 공간이다. 컴퓨터는 새로운 관계와 행동이 일어나는 새로운 공간을 창조하며 물리적 거리를 부정하는 스페이스 머신(space machine)이다. 또한 컴퓨터는 현재 우리의 관계가 과거와는 다른 새로운 환경을 창조하는 타임 머신(time machine)이기도 하다.[26] 전자 프론티어 재단(Electronic Frontier Foundation)의 창설자인 발로(Barlow)는 사이버스페이스의 독립선언문을 만들기까지 했다.

4. 법적 해석

과연 그렇다면 우리는 사이버스페이스를 어떻게 평가하고 해석하여야 할 것인가? 90년대 말부터 인터넷 또는 사이버스페이스를 전제로 한 법이 다수 입법화되었다. 정보통신망법은 그 대표적인 경우라고 할 수 있다. 그러나 그 입법과정과 해석과정에서 새롭게 등장한 사이버스페이스가 과연 무엇이며 사이버스페이스를 기존의 법체계안에서 포섭할 것인지 아니면 사이버스페이스에 대처하기 위하여 새로운 입법이 필요한가에 관한 기본적인 논의가 부족한 상태에서 이미 다수의 법이 제정되고 혹은 개정되어 시행되고 있는 형편이다.

사이버스페이스에 대한 우리의 관심은 결국 법적 접근을 어떻게 할 것인지, 즉 전통적인 형사법이나 민사법적 접근을 유지할 것인지, 그렇지 않

---

25 M. Ethan Katch, Law in a Digital World (1995).

26 M. Ethan Katch, Cybertime, Cyberspace, and Cyebrlaw, The Journal of Online Law, Art. 1, Para. 56 (1995).

으면 사이버스페이스의 매체적 특성에 따라 어떤 규제나 법이 필요하고 정당화되는지 하는 것일 것이다.

전통적인 형사법이나 민사법적 접근의 예를 들면, 최근 대법원은 음란한 영상 등을 공연히 '전시'하는 것을 처벌하는 구 전기통신기본법 제48조의2(현 정보통신망 이용촉진 및 정보보호 등에 관한 법률 제65조 제2항 제2호)를 적용하여, 인터넷사이트에 링크사이트를 만들어 놓고 이를 이용하여 별다른 제한 없이 음란한 부호 등에 바로 접할 수 있는 상태를 조성한 경우 이는 음란한 부호를 공연히 전시한다는 구성요건을 충족한다고 한 것을 지적할 수 있다.[27] 이에 대해서는 "인터넷의 특성을 고려할 때 음란사이트에 링크시킨 것만으로 음란 부호를 전시했다고 해석하는 것은 문제가 있다"는 반론이 제기되고 있다.[28]

또한 한국음악저작권협회가 인터넷 음악공유 프로그램인 '소리바다' 개발자를 상대로 낸 손해배상 청구소송에서 수원지법 성남지원은 2003. 10. 24. 음반복제 및 전송권 침해로 인한 손해배상 소송에서 원고승소판결을 내렸다. 재판부는 "피고들이 이용자들의 불법적인 행위(MP3 파일교환)에 대해 통제할 수 없는 구조라고 주장하고 있으나, 불법 MP3 파일교환이 있었음을 알고 있었고 그에 따른 합리적 조치가 없었던 사실, 소리바다 서비스의 경우 중앙서버의 존재가 필수적이라는 사실 등으로 볼 때 피고들의 주장은 이유 없다."고 판단한 것도 결국 전통적인 형사법이나 민사법적 접근을 유지하는 것으로 파악할 수 있다.

다른 한편 사이버스페이스의 매체적 특성에 따라 어떤 규제나 법제가 새

---

27 대법원 2003. 7. 8. 선고 2001 도 1335 판결.

28 오영근, "인터넷상 음란정보 '전시'의 개념", 법률신문 2003. 10. 23.

롭게 필요하고 정당화된다는 예로는 헌법재판소의 전기통신사업법상 '불온통신' 결정에서 인터넷에 관하여 다음과 같이 설시한 것을 지적할 수 있다.

> 인터넷은 공중파방송과 달리 '가장 참여적인 시장', '표현촉진적인 매체'이다. 공중파방송은 전파자원의 희소성, 방송의 침투성, 정보수용자측의 통제능력의 결여와 같은 특성을 가지고 있어서 그 공적 책임과 공익성이 강조되어, 인쇄매체에서는 볼 수 없는 강한 규제조치가 정당화되기도 한다.
>
> 그러나 인터넷은 위와 같은 방송의 특성이 없으며, 오히려 진입장벽이 낮고, 표현의 쌍방향성이 보장되며, 그 이용에 적극적이고 계획적인 행동이 필요하다는 특성을 지닌다. 오늘날 가장 거대하고, 주요한 표현매체의 하나로 자리를 굳힌 인터넷상의 표현에 대하여 질서위주의 사고만으로 규제하려고 할 경우 표현의 자유의 발전에 큰 장애를 초래할 수 있다. 표현매체에 관한 기술의 발달은 표현의 자유의 장을 넓히고 질적 변화를 야기하고 있으므로 계속 변화하는 이 분야에서 규제의 수단 또한 헌법의 틀 내에서 다채롭고 새롭게 강구되어야 할 것이다.[29]

인터넷에 대한 법적 규제는 음란물의 예를 들면 음란물의 게재 및 전송금지 또는 통제, 음란물의 삭제, 음란물에의 접근 차단과 같은 방법이 있는데, 음란물의 차단에 대한 기술적 규제가 오늘날 중요해지고 있다. 그런데 공적 기구에 의한 차단이나 필터링은 표현의 자유와 관련하여 문제가 제기될 가능성이 많아 음란물 규제의 기술적 중점은 등급시스템으로 전환되는 추세이다.[30] 그러므로 사이버스페이스에서의 중요한 문제의 하나는 "인터넷

---

29 헌재 2002. 6. 27. 99 헌마 480, 판례집 14-1, 616, 632.

30 황철중, "통신망을 통한 현행 음란물 규제시스템에 있어서 정부와 민간의 역할분담 시스템", 정보법학, 제3호 416쪽, 1999.

내용등급제"이다. 이는 정보통신부가 2000. 7. 입법화하려고 시도하였으나 시민단체 등의 반대로 무산된바 있다. 인터넷 내용등급제(Internet rating system)는 "인터넷에서 유통되고 있는 정보내용에 대하여 누드, 성행위, 폭력, 언어 등의 일정한 범주별로 그 등급을 매기는 하나의 기술적 체계"라 할 수 있다. 주체에 따라 자율적인 방식과 국가나 제3자에 의한 등급방식이 있다. 그런데 국가 주도이든 자율적이든 인터넷 내용등급제의 도입 자체를 반대하는 입장이 있는 반면,[31] 자율적인 인터넷 내용등급제의 도입을 허용하는 입장도 있다.[32]

2.5 과제

오늘날 사이버스페이스는 단순한 정보 검색을 위한 데이터 베이스로서의 '정보의 바다'에 머무르지 않는다. 이제 사이버스페이스는 현실과 동떨어진 공간으로서 현실에 적응하지 못하는 사람들의 도피의 장소로 여겨지지도 않는다. 사이버스페이스는 그 같은 도구적인 용도를 넘어선 사회적 접촉 공간으로서 사람들의 희노애락이 얽힌 이야기가 샘솟고 그들 사이에 만남과 헤어짐이 끊임없이 만들어지는 인간관계와 교류의 장소이자, 나아가 제2의 생활공간이다. 그러므로 법도 더 이상 사이버스페이스로부터 자유로울 수 없게 되었다. 프라이버시를 비롯한 사생활 침해, 명예훼손, 음란과 포르노그라피, 저작권 등의 법적 문제가 사이버스페이스에서 심각한 논란이 되고 있는 실정이다.

---

31 미국의 ACLU(American Civil Liberties Union)는 차단(blocking) 내지 내용선별(filtering)기술은 정부에 의한 검열을 더욱 용이하게 한다는 논거를 제시한다.

32 황성기, "인터넷 내용등급제와 우리 나라에서의 적용가능성", 법과사회, 제19호, 2000.

미국 연방대법원은 Reno 사건에서 인터넷은 도서관 또는 쇼핑 몰과 유사한 것이라고 판단하였지만 구두변론에서 제기된 다른 유추도 상황에 따라서는 적용가능하다고 한 바 있다. 사실 20세기말에 출현한 인터넷은 위에서 언급한 것 – 도서관, 전화, 공원, 쇼핑 몰, 방송 등 –이상이라고 할 수 있다. 과거의 어떠한 통신수단도 이러한 다양한 목적을 위해 인류에게 봉사한 경우는 역사상 찾아보기 힘들다. 지금도 계속하여 사이버스페이스의 개념 형성이 진행중이다. 사이버스페이스는 더 이상 하나의 장소가 아니고 서로 완전히 다른 분리된 사이버스페이스의 연속으로서 인식되어야 한다.

사이버스페이스는 법적으로 어떤 의미를 가지고 있는가? 사이버스페이스가 더 이상 무법지대가 아니라면 기존의 법과 다르게 사이버스페이스법이 별도로 존재하는가? 존재한다면 그것은 과연 무엇인가에 대한 논의는 무성하나 아직 확립된 견해는 찾아보기 어렵다.

전통적 견해, 중간적 견해, 및 새로운 견해 등 다양한 견해 속에 사이버스페이스는 점점 우리에게 일상적인 삶의 일부로 다가오고 있다. 물리적 공간인 현실 생활 속에서 일어날 수 있는 갖가지 문제들이 이제 사이버스페이스에서도 우리의 주의를 끌고 있으며, 이 때 새로운 법제도의 적용이 과연 물리적 공간과 사이버스페이스에서 같아야 하는지에 대해서 우리는 평가하여야 한다. 즉, 사이버스페이스에서는 현실의 세계를 기초로 한 법을 그대로 사이버스페이스에 적용하여야 할 것인지의 여부가 문제로 대두되고 있다. 사이버스페이스의 등장은 이와 관련된 법적 의미나 정책들이 전세계적인 합의를 필요로 할 정도로 기존 법체계에 광범위하게 영향을 미치고 있다. 따라서 사이버스페이스에서 법적 분쟁이 발생할 경우 전통적인 법이론이 그대로 적용될 수 있는가 하는 문제에 대하여 검토가 필요하며, 그에 따른 법 이론의 수정이 필요한 경우가 생긴다.

사이버스페이스가 하나의 법률체계를 갖는 장소인가? 그 내용은 정확히 확인될 수 있는 것인가? 인터넷은 그 역사가 대단히 짧아 이에 관한 국내법이 등장한 것도 최근의 일이며, 지금은 시대착오적인 말이 되어버렸지만 얼마 전까지는 인터넷은 법으로부터 자유로운 지대(law-free zone)라고 생각하는 경향도 있었다. 현재도 인터넷이나 사이버스페이스에 대한 정의는 충분하지 않으며 이 분야의 법은 아직 형성되고 있는 중이라고 보아야 할 것이다.

과연 그렇다면 우리는 사이버스페이스를 어떻게 평가하고 해석하여야 할 것인가? 90년대 말부터 인터넷 또는 사이버스페이스를 전제로 한 법이 다수 입법화되었다. 그러나 그 입법과정과 해석과정에서 새롭게 등장한 사이버스페이스가 과연 무엇이며 사이버스페이스를 기존의 법체계안에서 포섭할 것인지 아니면 사이버스페이스에 대처하기 위하여 새로운 입법이 필요한가에 관한 기본적인 논의가 부족한 상태에서 이미 다수의 법이 제정되고 혹은 개정되어 시행되고 있는 형편이다.

사이버스페이스에 대한 우리의 관심은 결국 법적 접근을 어떻게 할 것인지, 즉 전통적인 형사법이나 민사법적 접근을 유지할 것인지, 그렇지 않으면 사이버스페이스의 매체적 특성에 따라 어떤 규제나 법이 필요하고 정당화되는지 하는 것일 것이다. 현재 우리는 사안에 따라 양자를 선별적으로 취하고 있는 것으로 보인다.

결국 사이버스페이스는 기존의 전통적인 현실 공간의 법만으로 아우를 수 없는 특성을 가지고 있다. 그러나 현실과 완전히 동떨어진 시간과 공간상으로 스페이스 머신, 타임 머신 같은 존재도 아니다. 결국 사이버스페이스는 디자인과 활동 면에서 현실의 공간과 구별되는 별도의 가상공간이며, 이것은 광범위하고 과학적인 용어로 설명되어야 하는 공간으로 이해되어야 한다. 어느 정도의 무질서를 용인하는 자유주의적 문화와 공개성을 중요시하는 이러한 견해는 표현의 자유를 촉진하는데 기여할 것이다.

사이버스페이스에 관한 분쟁이 발생할 때에는 원칙적으로 기존의 법과 제도를 통해서 문제를 해결할 수 있으나 사이버스페이스의 특성으로 인하여 전통적인 법과 규제가 불합리한 경우에는 사이버스페이스에 독특한 입법 및 해석을 요한다. 이 경우 현실은 기존에 아날로그 방식의 패러다임으로 구축된 법체계의 질적 변화를 요구하고 있으며 기술에 대한 이해와 사이버스페이스에서 나타나는 인간의 행동양식에 대한 고찰이 전제로 된 법률적 보호 방안이 강구되어야 한다. 사이버스페이스의 법적 규율을 위해서는 전통적 견해, 중간적 견해, 새로운 견해의 장단점을 비교 · 평가한 후 그때 그 때의 상황에 맞는 모델을 취하여야 할 것이다.

CHAPTER 03

프라이버시 의의

3.1 프라이버시 역사

1. 기원

프라이버시에 대한 법적 보호는 20세기에 비로서 커다란 이슈가 되었지만 그 인식의 기원은 고대 서구사회의 오랜 사회적 관습 및 규범들에서 찾을 수 있다. 그리스 시대 이후로 서구 사회는 인간의 사회영역을 사적영역과 공적영역으로 구분하여 이해하여 왔으며 그 구분개념으로 인간의 본성 및 국가와 개인의 적정한 역할을 사용하여 왔다.[33] 프라이버시에 대한 기원은 여러 곳에서 찾을 수 있는데 중국의 노장 사상, 성경, 및 이슬람의 코란 등으로부터 연유한다.

프라이버시의 기원은 저 멀리 성경에서부터 찾을 수 있다. 성경에 의하면 노아의 홍수 후 노아가 포도주를 마시고 취하여 벌거벗은 채로 천막 안

33 황인호, 미국에서 프라이버시권의 전개과정에 관한 고찰, 토지공법연구 제19집, 231면(2003. 9.).

에 누워 있는 모습을 본 아들 햄이 밖에 나가 형과 아우에게 이야기를 하였다. 형과 아우는 겉옷을 걸치고 뒷걸음으로 들어가 얼굴을 돌린 채 아버지의 벗은 몸을 덮어드렸다. 노아는 술이 깨어 아들 햄이 한 일을 알고 형제들의 천대받는 종이 되라고 말했다.[34] 여기에서 아들 햄이 아버지 노아의 프라이버시를 침해하였다고 인식할 수 있다. 즉 일찍이 성경에서부터 프라이버시를 간접적으로 인식하고 그 중요성을 강조하였다고 평가할 수 있다.

코란은 다음과 같이 프라이버시를 말하고 있다.

Noor 24장

27 믿는 자들이여 허락을 받고 그 집안 가족에 인사를 하기 전까지는 너희 집이 아닌 어떠한 가정도 들어가지 말라. 그것이 너희에게 복이 되리니 너희가 교훈으로 삼으라

28 그 안에서 아무도 발견치 못햇을 때에는 너희에게 허락이 있을 때까지 들어가지 말라. 만일 들어가라고 하거든 들어갈지니 이것이 너희에게 더 좋은 일이라. 하나님은 너희가 행하는 모든 것을 알고 계시니라[35]

Hujraat 49장

11 믿는 사람들이여 사람이 다른 사람을 비웃지 않도록 하라. 후자가 전자보다 훌륭할 수도 있노라. 여성이 다른 여성을 비웃지 않도록 하라. 후자가 전자보다 훌륭할 수도 있노라. 서로가 서로에게 중상하는 것과 저속한 변명도 아니된다. 믿음을 가진 후의 저속한 이름은 사악한 것이며 회개하지 아니한 자 실로 죄인이라.

12 믿는 사람들이여 가능한 한 의심을 피하라. 어떤 일에 있어서의 의심은

34 성경, 창세기 제9장 18-20.

35 코란, Noor 24장 27절-28절.

하나의 죄악이라. 그리고 서로가 서로를 감시하지 말며 서로가 서로를 험담하지 말라.[36]

2. 그리스 시대

그리스 시대이후로 서구 사회는 인간의 사회영역을 사적 영역, 공적 영역으로 구분하여 이해했으며 그 구분개념으로 인간의 본성 및 국가와 개인의 적정한 역할을 사용하여 왔다. 서구사회는 "외부의" 사람과 "내부의" 사람을, 영혼의 생명과 육체의 생명을, 정신적인 것과 물질적인 것을, 신성한 것과 세속적인 것을, 신의 영역과 로마황제의 영역을, 교회와 국가를, 공적인 것과 사적인 것을, 사회와 개인을 구분함으로서 "사람이 스스로 있거나 남겨질 수 있는 사적영역의 관념인 프라이버시의 관념을 갖게 되었던 것이다.

이러한 관념은 연혁상으로 소크라테스가 인간을 "인간 자신의 외부 및 내부의 사람(the outward and inward man be as one)"의 상태에 있음을 구분한 것과 스토아 학파가 공적영역에 있는 사람들에서 실제적 자아(real self)를 구분한 것 및 에피쿠로스 학파가 "나의 것으로서의 지식과 나의 것이 아닌 것으로서의 지식(the knowledge of what is mine, and what is not mine)"사이의 기본적인 구분을 주장한 것 및 로크가 인간을 인간답게 하는 모든 것과 인간을 구성하는 모든 것은 '그 자신의' 일부인 것과 '인간 자신을 존재하고 구성하는 것'으로 구분할 수 있다고 한 것에서도 찾을 수 있다.[37] 이러한 공적 영역과 사적 영역의 구분에 대하여 그리스에서는 정치는 자유 시민들의 공통적인 것으로 파악하고, 가정(oikos)의 영역으로부터 엄격하

---

36 코란, Hujraat 49장 11절-12절.

37 황인호, 앞의 논문, 231면.

게 분리되는 것으로 이해하였다.[38]

그러나 공적 영역에의 참여는 가정의 사적 자치에 의존하고, 사적 영역은 가정과 관련되어 있는 것으로 이해하였다. 그러므로 정치에서의 지위는 가정의 주인으로서의 지위를 기초로 하고 있는 것으로서 노예의 노동, 그리고 여성의 봉사는 가정의 주인의 지배 및 보호아래에 있다고 보았다. 이에 따라 사적영역은 모호하게 되었고, 공적 영역은 자유와 영구불변의 영역으로 이해되었다.[39]

"공적인 것"과 "사적인 것"의 구분에 대한 오늘날의 인식도 그리스와 로마 시대의 개념과 많은 부분에서 일치하고 있다. 중요한 공통점 중의 하나는 가정 또는 가족이 사적 영역의 중심으로 파악된다는 것이다. 가정에서의 프라이버시는 사회적 관습 · 문화 · 종교 및 법적 전통에서 서구 역사상 적극적인 가치로 인정되어 왔다. 이것은 "인간의 가정은 그의 성이다"라고 간결하게 표현하고 있는 법언에서도 알 수 있다. 이는 은신처 및 보호의 장소로서 가정을 강조한 것으로 명시적 허락 없이는 누구도 다른 사람의 집에 들어갈 수 없다는 고대법의 원칙을 의미하는 것이다.

3. 현대

위와 같이 인간의 생활을 공적 및 사적 측면을 구분하여 가치를 부여하는 것에 대하여 어떤 사람들은 "공적" 및 "사적"인 것을 적절히 구분하는 것은 불가능하고 이러한 구별은 공익을 위한 집단적 의무의 포기 및 여성을

---

38 오이코스(oikos)라는 말은 '집'과 그 안에 거주하는 '가족'을 뜻하는 헬라어에서 유래한 것으로, 가정, 가족, 집안 등으로 번역되고 있다. 이는 가족, 고용인, 방문객은 물론 친지, 친구, 이웃, 직장동료 등까지를 포함하는 포괄적인 용어이다.

39 Richard C. Turkington and Anita L. Allen, Privacy Law 2-8(West Group, 1999)

경시하는 데 일조하였다고 주장하였다. 이러한 전통적 견해에 대한 비판자들은 사회의 발전으로 인하여 사적인 것과 정치적인 것 사이의 구별기준은 희석되었으며, 두 용어의 의미와 개인과 시민의 생활을 위한 중요한 인식을 변화시켰고, 사적인 것의 시작을 친밀감(intimacy)의 측면에서 찾기 시작하였다. 이것은 단순히 사적인 것의 중요한 부분이 이동하는 문제가 아니라, 사적인 관념을 더 이상 어떤 것이 없는 상태로 파악하지 않게 되었다는 것을 의미하는 것이다.

이에 대하여 "공적"이라는 용어는 밀접한 관계를 가지고 있으나 서로 일치하지는 않는 두 가지의 현상을 의미한다고 하면서, 하나는 공적으로 나타나는 모든 것은 모든 사람이 볼 수 있고, 들을 수 있고 최대한 넓게 공개하는 것을 의미한다고 한다. 다른 하나는 "공적"이라는 용어는 그것이 우리 모두에게 공통하며 우리가 사적으로 소유한 장소로부터 구별되는 그 자체의 세계를 의미한다고 한다. 이것은 개인의 활동이 제한되는 장소 및 조직적 생활을 하는 세계를 말하며 그것은 인간의 손으로 만들어진 것일 뿐만 아니라 인간이 만든 세계에서 함께 사는 사람들 사이에 행해지는 일들과 관련되어 있는 것을 말한다.[40]

이러한 "공적인" 것과 "사적인" 것은 다양한 곳에서 사용되며, 프라이버시에 대한 권리는 이러한 사용과 일치하지 않는 경우도 있다. 그러나 우리는 "비공식적인" 행동과 "공식적인" 행동을, "비정부" 기관과 "정부" 기관을 구분할 수 있으며, 이들 중에서 후자를 공적 영역이라 하고 전자를 사적 영역이라고 부르기도 한다.

---

40 앞의 책, 8-10.

그러나 존 듀이(John Dewey)가 말한 것처럼, "사적과 공적 사이의 구별은 개인적인 것과 사회적인 것 사이의 구별과 동일하지 않다." 즉 사적인 행동과 비사회적 또는 반사회적 행동과 밀접한 관계에 있다고 할 수 없으며, 공적인 것이 사회적으로 유용한 것과 동일하다고 할 수 없다. 그러나 자유민주주의 국가들에서 일반적으로 사적이라는 것은 "개인적인(personal)"과 동의어로 사용되며, 공적이라는 것은 "공공의(communal)"라는 용어와 동의어로 사용된다.[41]

그러나 이러한 공적인 것과 사적인 것의 구분은 많은 사례에서 연결고리가 다양화되었고 연결고리의 다양화는 사적부문에 가정뿐만 아니라 시장도 포함하는 것으로 인식하게 되었다.

이러한 가정을 정치적 공동체와 비교해 보면 첫째, 둘 다 시장보다는 '정부의 구성단위'라는 점에서 유사하다. 둘째, 우리는 국가와 가정에서 임의적인 시장 개념을 사용한다는 것이다. 셋째, 국가제도와 가족제도 사이의 제도상의 기준점이 불분명한 것은 시장과 가정 또는 시장과 국가 사이의 불분명함보다 더 이해하기 쉽다는 것이다. 마지막으로 국가에서의 생활이나 가정에서의 생활 모두 공통적으로 가지는 것은 철저하게 사적이라는 것이다. 이러한 유사점과 차이점의 기준은 공적 · 사적 구별을 점점 어렵게 하고 있다.

한편 종래 프라이버시에 대한 효력은 국가의 공권력에 의한 침해가 주된 형태였으나, IT 시대인 오늘날에는 사인과 기업 등에 의한 침해가 보다 심각한 상황에 놓여 있다. 따라서 프라이버시의 침해는 국가 공권력과 사인에 의한 직접 침해가 일반적으로 발생하고 있기 때문에 프라이버시 권리에

---

41 앞의 책, 10-12.

대한 인간의 직접적인 효력 문제의 해결방안이 논의의 초점으로 부각하고 있다.[42]

4. 한국

우리는 수천년 동안 농경을 위주로 한 공동체 생활을 영위하여 왔다. 그래서 전통적인 한국사회에서는 프라이버시라는 관념이 발달할 여지가 거의 없었다. 즉 대가족제도에서 가족 구성원 모두가 한 방에서 먹고 자고 하였으므로 당연히 프라이버시가 형성되기 어려웠다. 서구의 기준으로는 가장 프라이버시가 요구되는 혼례식 후 첫날밤의 장면을 공공연히 훔쳐보기 위하여 창문에 구멍을 내는 일이 전통으로 이어 내려져 온 것을 보면 과연 우리에게 프라이버시 관념이 존재했을까 하는 의문이 든다. 현재도 자녀의 결혼 문제에 대해 당사자간의 결합이 아니고 집안 간의 결합이라는 인식이 팽배하며 그로 인하여 배우자 본인은 물론이고 배우자 집안의 병력, 재산, 가족 내 문제 등 지극히 프라이버시적인 사항들조차 공공연히 언급되고 있는 형편이다. 이런 현상들을 종합해볼 때 우리는 프라이버시라는 관념이 미약하였다고 할 수 있다.

우리의 프라이버시 관념에 대한 문헌을 찾아보기는 쉽지 않다. 하지만 조선 말 개화기 초 우리나라에 들어온 외국인의 눈에 비친 당시의 조선사회는 한국인의 프라이버시 관념을 이해하는데 도움이 될 수 있다. 개화기 초 언더우드(Underwood) 여사는 우리의 프라이버시 관념을 외국인의 입장에서 잘 묘사하고 있다. 조선의 곳곳을 여행할 때 외국인 여자를 보려는

42 정영화, 정보사회의 프라이버시 보호를 위한 정책과제, 프라이버시 보호 네트워크 제1차 정기토론회, 4면(2002).

사람들의 호기심으로, 군중들은 종이 창문이나 틈으로 엿보기 위해 모든 문은 손가락에 침을 칠해서 종이를 살짝 눌러서 만든 구멍으로 가득 차 있었다. 그녀는 굶주린 눈으로 가득 찬 그러한 구멍들을 보고는 당황했다.[43] 심지어 비숍(Bishop) 여사가 쓴 기행문에 의하면 그녀가 여관에 투숙했을 때 한 순간에 문의 창호지들이 찢겨지고 사람들이 방으로 들어와 신기하게 생긴 그녀의 얼굴을 만져 보고 머리를 잡아당기고 팔을 꼬집으며 그녀를 관찰했다.[44] 그들은 외국인에 대한 호기심을 인정하면서도 한국인의 프라이버시 관념이 희박함을 간접적으로 지적하였다. 지금도 사람들은 모르는 사람으로부터 우편물이 배달되었을 경우 프라이버시 침해로 불쾌감을 느끼는 이는 많지 않다. 예컨대 자신이 한번도 이용하지 않은 백화점의 실명 광고 우편물이 배달되었을 경우 또는 전혀 연관이 없는 곳으로부터 실명의 홍보 전화가 온 경우 자신의 성명과 주소에 대한 프라이버시 침해에 대한 인식보다 오히려 자신의 사회적 신분이 외부에 공표된 것으로 여기고 이것을 자랑스럽게 여기는 경우가 보통이다.

사이버스페이스에서 발생하는 프라이버시 침해 주장은 명예훼손에 비해서 그 양이 저조하며 대부분의 경우 프라이버시 침해는 독립적으로 주장되지 못하고 명예훼손에 포함되어 주장되고 있는 실정이다. 결론적으로 우리는 프라이버시 침해에 대해서는 서구보다 관대한 편이며 오히려 명예훼손에 대해서는 보다 엄격하다고 할 수 있다.

---

43 L. H. 언더우드/신복룡 역주, 상투의 나라, 한말외국인 기록 15, 71면(1999).

44 I. B. 비숍/신복룡 역주, 조선과 그 이웃 나라들, 한말외국인 기록 21, 127면(1999).

3.2 공동체와 프라이버시

프라이버시에 관한 논의 중에 하나는 개념적으로는 그렇지 않지만, 프라이버시와 공동체가 실제 사회에서 적대적인 것인가 하는 문제이다. 이는 마치 프라이버시의 상태가 사회로부터 개인을 고립시키는 것처럼 보이기 때문이다. 그러나 실제 사회에서 프라이버시와 공동체의 근접한 모습은 다른 원칙을 증명하고 있다. 즉 프라이버시와 공동체는 사회의 종류에 따라 적대적이기도 하고 아니기도 하다.

전체주의 사회인 경우 그 본질은 사적인 것에 대하여 공적인 것을 완전히 확대한다. 그것은 "프라이버시의 모든 면을 청산할" 때까지 전체주의자들이 사회라고 부르지 않는 것과 같다. 이러한 인식에 의하면 프라이버시와 공동체는 완전히 정반대의 모습을 갖게 된다. 반대로 자유민주주의 사회에서 프라이버시는 어떤 가치보다도 큰 지지를 받는다. 프라이버시는 개성과 관련이 있으며 개성의 발전은 자유와 연결되어 있으므로 자유주의와 연결되고 선거의 자유, 결사의 자유 등을 뒷받침하는 것이므로 민주주의와 밀접한 관련을 갖게 된다.

그리고 다수는 프라이버시가 복지 및 평등과도 충돌하지 않는다고 한다. 이것은 복지와 평등의 문제가 프라이버시와 공통적으로 인간의 기본적인 권리에 해당하는 것으로 파악하려 하기 때문이다. 그러나 어떤 비판자들은 프라이버시를 표현하는 "혼자 있게 할 권리" 또는 "인간의 가정은 그의 성이다"라는 표현들은 사회적 무책임의 역할을 수행한다고 주장한다. 그러나 평등과 복지에 대하여 전형적으로 반대되는 자유의 종류는 소극적인 프라이버시 자유들과 거의 관계가 없다. 즉 개인이 그 자신의 침실에 있다는 것, 개인의 정보를 개시하기 위하여 누구를 선택하는 것, 또는 사람이 연구

를 위하여 홀로 생각하고 서술한다는 것은 복지 또는 평등과 직접적인 관련성을 가지지 않는다.[45]

다른 한편, 프라이버시 관념이 개인뿐만 아니라 단체도 포함하는 것으로 확대되어진다면 프라이버시에 관한 주장들은 복지 및 평등의 이념과 충돌할 수도 있다. 이러한 경우 이들을 어떻게 조화시킬 것인가가 문제가 된다. 또한 프라이버시에 대한 비판자들은 프라이버시에 대한 권리 인정이 공동체의 설립과 유지를 위협하고 사회적 · 정치적 무책임을 갖게 한다고 주장한다.

그러나 자립의 정신을 고취시키는 것이 프라이버시와 관련된다고 생각하는 것은 자연스럽다고 할 수 있으나, 프라이버시의 인정과 공동체의 설립과 유지의 위협은 본질적으로 관련이 없는 사회현상으로 이해할 수 있다. 이것은 프라이버시가 개인주의를 인식하는 역사를 가지지 아니하는 문화들에서도 존중 받는다는 사실에서 충분히 증명된다. 또한 프라이버시는 공동체로부터 강력한 자립의 인식으로 완전하게 설명할 수 없다. 이는 어떤 문화들에서는 프라이버시가 전적으로 공공의 개념이기 때문이다.

자유민주주의 사회는 창의의 근원, 사상과 표현의 자유, 책임으로서의 개성을 증진하는 동시에 사회를 보존하기 위하여 그 기능을 제한하고자 한다. 그러한 인식에서 개성과 공동체는 시소의 반대쪽 자리에 있는 것이 아니며, 더 큰 단일의 과정 안에서 보완하는 것이라고 생각되기 때문이다. 따라서 이러한 입장에서 보면 프라이버시가 공동체를 위험하게 한다는 견해는 부적절하다고 할 수 있다.

자신의 생각들과 생활을 가지기 위한, 그리고 그것들을 자기 자신이라

45 황인호, 앞의 논문, 235면.

고 부르기 위해서는 인격이 가장 중요하다. 그리고 이것은 전체주의 사회에서 위협받는 것이다. 인격은 개성의 중요한 조건이므로 최소한의 프라이버시가 없을 경우에 개성(personhood)을 상상할 수 없는 것은 인격(selfhood)을 생각조차 못하기 때문이다. 이와 유사하게 충분한 프라이버시가 없는 경우에 개성의 발전과 개인의 자율은 위협받게 되는 것이다.

3.3 프라이버시 침해 원인

사이버스페이스의 성공은 국민으로부터 얼마나 신뢰를 받을 수 있느냐에 달려 있다. 그 신뢰의 기반구조 가운데 핵심을 이루는 것이 프라이버시와 개인정보, 즉 정보프라이버시의 보호 문제이다. 사이버스페이스의 모든 과정에서 개인의 프라이버시와 개인정보가 존중되고 또 침해나 남용 등의 위험으로부터 잘 보호되고 있다는 것은 '인간의 얼굴을 한' IT가 대중의 신뢰를 얻는데 필요한 최소한의 조건이다. 사이버스페이스의 성패가 이 문제의 해결 여하에 달려있다는 것은 비단 우리나라뿐만 아니라 사이버스페이스의 첨단을 달리는 선진국들에서도 폭넓은 공감대를 얻고 있는 인식이다.[46]

프라이버시의 보호는 일찍이 근대 헌법에서 정착되었고, 20세기말부터 급속한 정보화의 물결 속에서 더욱 더 강조되어 온 것이 사실이다. 1980년 OECD가 "프라이버시 보호 및 개인정보의 국제 유통에 관한 가이드라인"을 채택하고, 1990년 UN이 "컴퓨터화된 개인정보파일의 규율에 관한 가이드라인"을 제정하였으며, 1995년과 1997년 EU가 "개인정보의 처리 및 자

---

46 홍준형, 전자정부와 정보프라이버시의 보호, 서울대학교 행정대학원 한국정책지식센터, 전자정부포럼 제5회 프라이버시 보호법제, 어떻게 운영할 것인가(2003).

유로운 유통에 관한 개인정보보호지침" 및 "정보통신부문에서의 개인정보 처리 및 프라이버시 보호지침"을 제정하는 등 정보 프라이버시의 보호를 위한 국제적인 규범 형성이 이루어진 것도 바로 그러한 맥락에서였다. 그러나 정보프라이버시 보호 문제가 초미의 현안으로 대두된 계기는 최근 세계 각국에서 급속한 진화를 거듭해온 사이버스페이스의 기반구조, 특히 신뢰성 문제가 주목을 받기 시작했다는 데 있었다. 이처럼 사이버스페이스의 전개과정에서 프라이버시 문제가 주로 발생하게 되는 원인은 다음과 같다.

1. 위험 증대

그 첫째 원인은 전례 없는 IT의 발전에 따른 위험의 증대에 있다. 과거 산업사회에서도 정부는 조세 징수, 사회통제 등의 목적으로 무수한 개인정보를 수집 · 관리해 왔으나 정보의 양식 및 형태나 수집, 보유 및 관리방식, 처리기술 등 여러 가지 측면에서 국가의 정보처리로 인한 프라이버시 침해의 위협은 20세기말 IT시대에 비해 그렇게 심각하지는 않았다. 이 시기에 개인의 프라이버시 침해는 편지의 검열이나 전화 도청, 주거 또는 프라이버시의 침해 등 제한적이고 단편적인 것에 국한되었다. 그리고 이를 방지하거나 제재하기 위하여 사생활의 자유나 표현의 자유, 통신의 자유 등과 같은 기본적 인권을 헌법적으로 보장하고 그에 의거하여 검열금지, 영장주의, 사생활비밀 침해나 명예훼손 등의 범죄화 등 각종 공법적 · 형사법적 제도들이 강구되었다.

그러나 20세기 후반부터 IT가 비약적으로 발전함에 따라 상황은 판이하게 바뀌었다. 종래 종이문서에 의해 제한적 · 분산적으로 수집 · 관리되어 왔던 개인에 관한 정보들이 고도의 정보수집 · 처리기술에 의해 실시간에 용이하게 사용, 복사, 분석, 조작, 결합, 전송될 수 있게 되었고, 이를 통해 정보의 집적과 통합처리가 가능해졌기 때문이다. 이러한 고도로 발전된 IT를 활용하여 공공 부문에서는 정부서비스를 사이버스페이스에서 전자적 방식으로 제공하는 전자정부가 등장하였다. 특히 이제는 정부뿐만 아니라 정보통신서비스사업자 심지어는 일반 개인도 손쉽게 정보를 수집하고 처리할 수 있게 되었다.

IT의 발전으로 전자정부와 정보통신서비스사업자를 비롯한 민간 부문이 등장하면서 개인은 종래에는 상상도 할 수 없었던 무차별적이고 전면적인 정보관리의 대상으로 전락하게 될 위험에 처하게 된 것이다. 개인의 특성이나 건강상태, 취향, 선호, 행태, 가족관계, 인적 교류, 정치적 견해 등 모든 면에 대한 정보가 몇 번의 클릭으로 용이하게 분석, 결합, 가공, 조작될 수 있는 단계에 이르렀기 때문이다. 이러한 상황에서 사이버스페이스란 정보프라이버시의 측면에서 볼 때에는 전례 없는 위험의 증대를 의미하게 된 것이다. 최근 우리나라가 겪었던 'NEIS 파동' 역시 그 근원은 이러한 위험의 증대와 그에 대한 불신에서 비롯된 것이라 할 수 있다.

IT 사회의 등장으로 위험이 증대되어 프라이버시가 문제되는 부분을 구체적으로 살펴보면 첫째, 이메일의 등장이다. 이메일은 디지털 형태로 저장된 문자화된 메시지이다. 그것은 마치 속기가 가능한 전화와 유사하다. 어떤 사람이 다른 사람에게 이메일을 보내면, 그것은 기계에서 기계로 복사되어 전송된다. 그것은 정해진 절차에 따라 컴퓨터나 사람이 그것을 지울 때까지 다른 기계에 보존된다. 많은 이메일 메시지들의 내용은 일반 전화통화처럼 비계획적이고 별 생각없이 이뤄지는 친구와의 평범한 대화이다. 그러나 전화와 달리 이 내용은 저장되며, 한번 저장되면 감시가 가능하고 기록되며 검색이 가능하다. 회사는 프로그램을 만들어 직원의 이메일 교환을 감시하고 다른 사람들에게 뭐라고 말하는지를 감시하고, 그 내용들을 수집하고 정리해서 적당하다고 판단될 때 사용할 수 있다. 회사는 그렇게 할 수 있고 또한 그렇게 하고 있다. 프라이버시 영역에서 사이버스페이스가 만들어낸 가장 심각한 것은 회사가 직원을 대상으로 최근 실시하고 있는 특별감시제도이다. 회사는 '컴퓨터 소유주'라는 논리로 자신들이 생각하기에 부적절한 내용을 찾아내기 위해 직원의 이메일 검열을 늘려나가고 있다. 전화나 편지 등 전통적인 통신수단의 경우도 이론적으로는 그러한 감시와 수색이 가능하다. 그러나 실제적으론 그렇지 않다. 전화나 일반서신을 검열하는 데는 많은 시간과 경제적 비용이 든다. 다시 말해서 사람의 직접적인 개입이 필요하다. 비용때문에 대부분의 경우 그렇게 하지 않는다. 다시 말해서 통제비용이 특정한 형태의 자유를 보장하는 결과를 가져오는 것이다. 그러므로 이메일도 프라이버시의 영역에 포함된다.

둘째, CCTV의 등장이다. 하나의 그림은 수천 개의 단어에 필적할 수 있다. 휴렛 패커드사는 100바이트 이하만 사용하여 얼굴 모습을 재현하는 방법을 개발했다. 얼굴이 포착되고 저장될 수 있으며, 지역의 비디오기록과 대조될 수 있다. 휴렛 패커드는 그 기술을 사용해서 백야드 떨어진 곳에서도 얼굴 표정을 비디오에 담을 수 있다고 평가하였다. 도시 주변에 설치한 CCTV를 이용하여 정부나 기업은 카메라에 잡힌 사람들을 확인하여 그들이 어디로 가는지 무엇을 하는지 감시할 수 있게 되었다. 최근에 강남구가 뒷골목에 설치한 CCTV가 바로 이러한 문제점을 보여주고 있다. 이러한 의미에서 CCTV도 프라이버시의 영역에 포함된다.

셋째, 휴대전화 및 휴대폰 카메라의 등장을 들 수 있다. 휴대전화의 경우 발신자가 한 지역에서 다른 지역으로 이동할 때 전송기가 발신자를 추적할 수 있도록 휴대전화의 위치가 파악된다. 그러한 위치 정보들은 전화서비스 시스템에 의해 수집된다. 그러나 분명히 이 데이터는 감시하고 추적하는 다른 용도로 사용될 수도 있다. 국가 및 회사를 비롯한 개인 사용자도 그들이 원하는 누군가를 추적하기 위해서 감청을 할 수 있다. 휴대폰 카메라는 이 문제를 더욱 심각하게 만든다. 이 모든 것이 IT의 발전으로 프라이버시와 관련하여 새롭게 등장한 것이며 전통적인 프라이버시 침해를 대체하고 있으며 프라이버시 정의 자체를 바꾸고 있다.

2. 보호 결여

둘째 원인은 증대된 위험과는 정반대로 보호가 결여되어 있다는데 있다. IT의 비약적 발전과 정부 서비스의 전자화를 토대로 사이버스페이스가 대두되었지만, 그로 인하여 증대된 위험에 대한 대책은 극히 미흡한 수준에 머물고 있다. 사이버스페이스가 탄생한 초기에는 사이버스페이스를 심지어 무법천지의 서부 또는 신천지에 비유하며 이에 대한 규제를 죄악시 하였다.[47] 그리고 사이버스페이스의 장점만을 부각시킬 뿐 그 폐해에 대하여는 애써 무시하는 태도도 없지 아니하였다. 그런 결과로 사이버스페이스에 기존의 법제도나 수단들은 새로운 유형의 프라이버시 침해에 효과적인 대안을 제시하지 못하거나 낙후되어, 그것도 많은 시차를 두고 뒤따라가는 형국을 넘지 못하였고, 그 결과 개인은 획기적으로 신장된 국가 및 민간 부문의 정보처리능력에 비해 극히 낮은 수준의 법제도적 보호만을 누릴 수 있을 뿐, 날로 다양화 · 복잡화되는 프라이버시의 침해위협에 거의 무방비상태로 노출되는 일이 빈번히 발생하고 있다.

결국 프라이버시의 문제는 위험의 증대와 보호의 결여라는 두 가지 요인으로 인하여 신뢰의 인프라에서 가장 취약한 회로가 되어 버린 것이다.

47 Stuart Biegel, Beyond Our Control? 4 (2001).

이와 같이 프라이버시의 보호가 IT사회의 성공을 좌우하는 신뢰의 인프라를 이루는 전제조건이라면, 우리의 인식 관심은 분명해진다. IT 사회의 모든 수준, 모든 과정에서 프라이버시를 효과적으로 보호할 수 있는 정책적 대안을 강구해야 한다는 것이다. 그렇다면 어떻게, 어떤 정책수단을 사용하여 이 목표를 달성할 것인가?

3. 단일민족 정서

우리는 전통적으로 단일민족으로서의 삶을 영위해왔으며 이를 바탕으로 공동체로서 타인에 대한 관심이 그 누구보다도 강한 삶을 살아 왔다. 따라서 전통적으로 우리에게는 서구적 의미의 프라이버시 관념이 희박하거나 없었다고 해도 과언이 아니다. 우리에게 프라이버시 또는 사생활 관념이 도입된 것은 근대화 이후의 일이라고 할 수 있다. 그리고 사회적으로 문제가 된 프라이버시 침해의 피해자로는 고위공직자를 비롯한 정치인과 연예인이 주를 이루었다. 그러므로 근대화 이후 최근까지도 우리의 관념은 프라이버시 또는 사생활 침해에 대해 상당히 너그러운 태도를 보이고 있었다. 즉 프라이버시 침해에 대해 관용적인 편이었으며 이에 대한 사회적, 법적 문제제기에 대해서 오히려 별로 대수롭지 않은 것을 가지고 야단법석이나는 등의 반응을 보이곤 했던 것이 사실이었다. 더욱이 프라이버시 침해에 대해 문제를 제기하는 자를 이상하게 여기는 풍토마저 존재하고 있었다.

그러나 우리사회도 점점 프라이버시 또는 사생활의 중요성을 인식하기 시작하면서 프라이버시 관념이 급변하고 있는 시점이라고 평가할 수 있다. 여기에 급격히 도래한 IT 사회는 이제 우리에게도 프라이버시 또는 사생활이 남의 일이 아닌 우리 자신의 중대한 문제임을 인식하게 해 주었다. 세계에서 유례를 찾기 어려울 정도로 IT의 급속한 발전은 더 이상 남의 집 창호지에 침을 발라 내부를 들여다보는 불편을 없애고 첨단기술의 도움으로 안방 또는 거리에서 손쉽게 타인을 들여다보고 타인의 사생활에 대해 언급하는 것이 가능해졌다.

IT의 부작용으로 타인의 프라이버시 침해가 걷잡을 수 없이 확대되었으며 국민 모두가 순식간에 피해자가 되는 일이 가능해졌다. 비로소 우리도 프라이버시 침해를 심각한 사회문제로 인식하기 시작하였다. 그런데 그 폐해의 정도가 서구 사회의 일반적인 정도를 뛰어 넘어 가히 상상을 초월할 정도에 이르는 지경이다. 결론적으로 IT 사회로 급격한 변화중인 21세기 한국 사회에서 프라이버시의 문제가 제기되는 것은 한국인의 타인에 대한 남다른 관심과 이를 손쉽게 가능하게 하는 IT가 그 원인이라고 할 수 있다. 이에 시급히 프라이버시 침해에 대한 인식의 제고와 대책 마련이 시급한 시점이다.

우리는 지금 이메일을 주고받는 것에 대해서도 불안해하고 있으며, 심지어 목욕탕에서조차 휴대폰 카메라의 촬영을 걱정하고 있는 실정이다. 여기서 프라이버시 개념은 개인정보의 취급과 관련하여 해석되는 데이터 보호와 결합되고 엄격한 의미의 프라이버시 보호는 사회가 개인적 비밀을 어디까지 관여할 수 있는가의 문제이다. 세계적으로 국가와 기업들이 인터넷상의 통신에 대하여 검열과 감시를 행하면서 개인의 프라이버시에 대한 사망선고를 예고하고 있다. 이러한 프라이버시의 사망은 결국 민주주의를 포기하는 사태와 기술에 의한 인권침해를 당연한 결과로 수용하는 위험사회로의 종말을 초래할지도 모른다. 사이버스페이스의 등장은 더 이상 인류가 자주적으로 생각하고 행동하는 것을 어렵게 하고 있다. 그것은 다름 아닌 검색과 감시에 의한 통제의 가능성이 높아져서 IT가 인간의 존엄과 편리를 위해서 사용되는 수단이 아니라 오히려 인류가 IT의 수단으로 전락

할 위기에 처하게 되었다. 사이버스페이스의 특성으로 인하여 프라이버시 침해가 과거와는 비교할 수 없을 정도로 광범위하고 쉽게 이루어지고 있는 실정이다.

이것이 바로 비교적 새롭게 출현한 프라이버시 권리가 사이버 시대에 더욱 더 보호되어야 하는 중요한 이유이다. 21세기 사이버 시대에는 누구든지 자신의 생활이 감시되고 검색될 수 있다. 감시의 대상이 되는 것은 IT의 도움으로 사람의 일상생활의 전부가 될 수 있다. 자동응답전화기의 녹음은 누가 전화를 했고 무엇을 얘기했는지에 대한 기록이며, 이메일은 누가 누구와 무슨 대화를 나누었는지에 대한 기록이다. 생활의 이러한 부분은 일시적인 것이 아니다. 기술과 법이 허락한다면 그것들은 검색될 수 있도록 남겨질 것이다.

3.4 프라이버시 의의

1. 다양한 용어

프라이버시는 인권의 목록 중에서도 가장 정의하기 어려운 분야 중의 하나이다. 프라이버시의 정의는 인간의 존엄과 가치, 표현의 자유, 결사의 자유, 통신의 자유, 거주의 자유 등 다수의 인권과 직접적으로 관련되므로 그 맥락에 따라서 다양한 의미를 갖는다. 하지만 인권에 대한 통일된 정의가 어렵다고 해서 그의 중요성이 퇴색되는 것은 아니다.

그러면 그토록 중요한 프라이버시는 과연 무엇인가? 논의의 출발점은 사이버스페이스에서 보호하고자 하는 객체인 프라이버시의 정의가 되어야 할 것이다. 프라이버시를 표현하는 데 프라이버시, 사생활, 정보자기결정권, 그리고 개인정보 등 다양한 용어가 사용되고 있다. 각각의 용어가 탄생한 배경과 주로 사용되는 사회도 상이하다. 그러므로 그 의의도 엄격하게는 다를 수 있으나 통일된 정의가 존재하지 않으므로 대강의 정의를 살펴보도록 한다.

우선 우리 헌법은 프라이버시를 사생활의 비밀과 자유로 파악하고 있으며 별도의 프라이버시라는 용어를 찾아볼 수 없다. 한편 사생활의 소극적인 면을 뛰어 넘어 적극적인 처분권을 인정하는 견해가 독일 헌법의 영향을 받아 최근에 '정보자기결정권'이라는 개념을 사용하고 있다. 그리고 IT 사회의 도래로 인하여 컴퓨터 네트워크를 통한 정보의 집중이 문제시되면서 '개인정보(personal data, 또는 personal information)'라는 개념이 유럽과 OECD를 중심으로 사용되기 시작하였고 이것이 우리나라에 도입되어 개인정보 보호법과 정보통신망법을 비롯한 개별 입법에서 사용되고 있다. 그리고 미국에서는 IT 사회의 도래 전후를 불문하고 전통적으로 '프라이버시(Privacy)'라는 용어를 사용하며 그 범위를 포괄적으로 이해하고 있다. 이하에서는 범위가 포괄적인 프라이버시를 주로 사용하고 실정법이나 특수한 의미를 나타내는 경우에는 적절한 다른 개념을 사용할 것이다.

2. 근거

우리 헌법의 프라이버시 보호는 외국의 입법 유형과 다소 비교되는 성질을 보이고 있다. 즉 인간의 존엄과 가치(제10조), 주거의 평온을 보장하는 주거의 자유(제16조), 통신의 비밀을 위한 통신의 자유(제18조), 그리고 일반적인 사생활의 비밀과 자유(제17조)를 프라이버시 보호를 위한 헌법적 근거로 제시할 수 있다. 그 중에서 인간의 존엄과 가치는 한 차원 높은 근거이다. 또한 사생활의 비밀과 자유는 헌법의 주거와 통신의 자유를 제외한 인격권을 비롯한 내밀 영역과 비밀 영역 및 사적 영역 그리고 사회적 영역에 관한 기본권과 자유의 보호로 이해할 것이다.

헌법상 프라이버시 권리는 인간의 존엄과 가치의 실질적 보장인 일반적 행동자유와 일반적 인격권 중에서 후자에 해당한다. 특히 정보자기결정권은 인간의 존엄권의 한 요소인 동시에 계약에 의한 임의의 개인정보의 처분과 수집 및 이용 그리고 사용 등을 결정한다는 점에서 중요한 의의를 갖는다. 결국 오늘날의 프라이버시 권리는 모든 인권의 공통요소를 갖는 인권의 본질적인 특성을 보이고 있다.

3. 개념

프라이버시는 시대 · 장소 및 사회 · 심리적 요인에 의하여 변화하는 상황적 개념이며, 다양한 환경에서 다른 의미로 사용되는 다의적 개념이므로 이를 통일적으로 정의하는 것은 매우 어려운 일이다.[48] 이 프라이버시의 개념과 관련하여 프라이버시가 '삶의 조건 또는 상태(condition of life or state of affairs)'를 나타내기도 한다는 점에 착안하여, 프라이버시가 '삶의 조건 또는 상태'를 의미하는 것으로 이해하는 견해도 많이 있다.[49,50] 이렇게 프라이버시를 삶의 조건이라고 파악할 때에 그것은 타인의 접근을 방해한다는 함축적 의미를 가지므로 안전 관념을 중심으로 하여 개인의 정신적 안정에 관한 것을 보호하는 것이고, 이는 프라이버시가 사회에서 본질적인 것이며 프라이버시의 관념이 사회에서 발전된 개인의 도덕적 또는 직관적 관념이

---

48 Stephen T. Margulis, "Conceptions of Privacy: Current Stays and Next Steps", The Journal of Social Issues 3 p.16(1977); Turkington and Allen, Ibid, 22(1999).

49 See, e. g., Anita L. Allen, "Uneasy Access: Privacy for Women in a Free Society", pp.13~15(1988); Ruth C. Turkington, "Legacy of the Warren and Brandeis Article: The Emerging Unencumbered Constitutional Right to Informational Privacy", 10 N.Ⅲ. Univ. L. Rev. 479, pp.509~510(1990).

50 그러나 프라이버시가 조건 또는 상태라는 견해에 반대하는 학자들도 있다. see, e. g., Robert C. Post, "The Social Foundations of Privacy: Community and Self in Common Law Tort", 77 Calif. L Rev. 957, 969(1989).

라는 것이 연유한다는 것을 의미하게 된다. 즉 이러한 도덕적 · 직관적 프라이버시 관념이 법률로써 프라이버시를 인식하고 보호하려는 정치적 · 사회적 압력의 근원이며, 법적 프라이버시권을 인정하고 정립하려는 정당성의 자연법적 근거가 되는 것이다.[51]

또한 프라이버시가 일반적 상태 또는 삶의 조건을 의미한다고 파악하면 구체적 사례에서 개인의 권리가 침해되었는지 아닌지를 판단하는데 프라이버시의 개념을 유용하게 사용할 수 있게 된다. 프라이버시에 대한 정의 자체도 다양한 견해를 보이고 있으므로 통일적 정의를 찾기는 쉽지 않다. 그러므로 이하에서는 서구에서 지금까지의 프라이버시에 대한 주요 정의를 살펴보고 이것을 도입한 우리의 정의를 간략히 살펴봄으로써 개념 정의를 대체한다.

브랜다이스(L. Brandeis)는 19세기 말 프라이버시를 개인의 "혼자 있을 권리"(right to be let alone)로 최초로 정의하며, 민주주의에 반드시 필요한 자유로서 헌법에 반영되어야 한다고 주장하였다.[52] 웨스틴(Alan Westin)은 프라이버시는 어떠한 환경에서든지 자신의 신체, 태도와 행위를 타인에게 얼마만큼 노출시킬 수 있는가를 자신이 자유롭게 선택할 수 있는 자유라고 파악하였다.[53] 블루스틴(Edward Bloustine)은 프라이버시란 인간의 인격권의 법익이므로 인격의 침해, 개인의 자주성, 존엄과 완전성을 보호하는 것

---

51 Richard C. Turkington Anita L. Allen, 앞의 논문, 26.; 황인호, 개인정보보호제도에서의 규제에 관한 연구－제도의 재구조화를 위한 입법론을 중심으로－, 공법연구 제30집 제4호, 한국공법학회, 230-231면(2002).

52 Samuel Warren and Louis Brandeis, "The Right to Privacy," 4 Harvard Law Review 193(1890).

53 Alan F. Westin, Privacy and Freedom, 7

이라고 한다.[54] 개비슨(Ruth Gavison)은 프라이버시의 세 가지 요소로서 비밀(secrecy), 익명성(anonymity), 고독(solitude)을 열거하며, 그것이 자신의 선택에 의해서 또는 타인의 행위에 의해서 상실할 수 있는 상태를 말한다고 한다.[55]

영국의 캘컷 위원회(Calcutt Committee)에서는 프라이버시의 만족할 수 있는 법률 규정은 찾아보기 어렵기 때문에 "개인의 생활과 일거리 또는 그의 가족의 생활과 일들을 직접 물리적인 수단이나 정보공개에 의해서 침해되는 것을 방지하는 권리"로 선언하였다. 호주의 프라이버시 헌장 서문은 "자유로운 민주사회는 개인의 자주성을 존중하며, 그러한 자주성을 침해하는 국가나 사적 단체의 권한을 제한하며, 프라이버시는 인간존엄의 본질과 결사 및 표현의 자유의 핵심 가치이다. 이는 기본적인 인권으로서 모든 인간의 합리적인 기대"라고 정의하고 있다. 프라이버시는 비교적 새로운 권리로서 사생활의 비밀과 자유라고도 한다. 프라이버시는 인간의 존엄과 가치, 표현의 자유, 결사의 자유, 통신의 자유, 주거의 자유 등 다수의 기본권과 직 · 간접적으로 관련되므로 그 맥락에 따라서 다양한 의미를 갖는다.

그런데 IT 혁명의 결과로 사이버스페이스와 휴대전화의 폭발적인 이용은 프라이버시와 관련하여 기존의 헌법 조항의 해석을 확장하지 않을 수 없게 되었다. 즉 제17조 헌법규정은 개인의 프라이버시 보호의 기본규범으로 이해할 것이다. 현재 개별입법에서 사용하고 있는 '개인정보'의 보호영역은 사이버스페이스란 매체를 기준으로 온라인과 오프라인으로 구분되고

54 Edward Bloustine, "Privacy as an Aspect of Human Dignity," 39 New York Univ. Law Review, 971(1964).

55 Ruth Gavison, "Privacy and the Limits of Law," Yale Law Journal 421, 428(1980).

있다. 온라인의 개인정보는 컴퓨터로 수집, 가공, 이용 또는 실시간으로 이동하는 정보를 포함하는 반면에, 오프라인의 개인정보는 종래의 수작업에 의한 수집과 이용 및 유통하는 문서와 기록 등의 데이터이다. 요컨대 개인정보는 공공기관에 의해서 수집과 저장 및 이용하는 형태, 개인과 사기업 및 민간조직에서 수집과 관리 및 이용하는 개인정보로 구분된다.

우리 헌법 제17조의 사생활의 비밀과 자유는 일반적으로 사생활의 내용을 공개당하지 아니할 권리, 사생활의 자유로운 형성과 전개를 방해받지 아니할 권리, 그리고 자신에 관한 정보를 스스로 관리, 통제할 수 있는 권리 등을 내용으로 하는 복합적 성질의 권리이다.[56] 또한 프라이버시는 주체를 식별할 수 있는 개인정보를 대상으로 한다. 이러한 개인정보가 그 주체에게 사적으로 특별히 민감하고, 당혹감을 줄 수 있는 경우는 말할 필요가 없고, 비록 그 정보가 평범하거나 사소한 것이라도 그 주체의 의사에 반한 것으로 추정되는 경우에는 프라이버시의 보호대상에 해당한다.[57]

한편 프라이버시권과 사생활의 비밀과 자유와의 관계에 대하여는 다음과 같은 견해가 있다. 협의설은 그것을 사생활의 평온을 침해받지 아니하고 사생활의 비밀을 함부로 공개당하지 아니할 권리로 이해하고 있다. 광의설은 프라이버시권을 소극적으로는 사생활을 함부로 공개당하지 아니하고 사생활의 평온과 비밀을 요구할 수 있는 법적 보장으로 이해하나 적극적으로는 자신에 관한 정보를 관리 · 통제할 수 있는 법적 능력으로 이해한다. 이에 대하여 최광의설은 프라이버시권을 사생활의 비밀과 자유뿐만 아니

56 권영성, 헌법학원론 423면 (2002).

57 정영화, "사이버스페이스와 프라이버시", 헌법학연구(제6권 제3호), 한국헌법학회, 51-53면(2000).

라 주거의 불가침, 통신의 불가침 등도 포괄하는 개념으로 파악한다. 프라이버시권을 광의설의 입장에서 이해할 경우 헌법 제17조의 사생활의 비밀과 자유는 곧 프라이버시를 의미한다고 할 수 있다.[58]

4. 변화

그러므로 IT 세계에서의 프라이버시 개념은 그 기술적 특성 때문에 달라질 수 있다. 사이버스페이스에 관한 전문가인 레식(Lawrence Lessig)은 이제까지의 프라이버시가 기술에 의하여 다음과 같이 변화할 수 있다고 주장한다.[59]

첫째, 부담을 최소화하는 프라이버시로의 변화이다. 이것은 유용성의 개념으로 부를 수 있으며 침해의 최소화를 요구한다. 우리는 방해받지 않고 혼자 있기를 원한다. 그래서 우리는 평온함이 방해받는 범위를 최소화할 수 있는 보호를 원한다. 때때로 국가는 우리를 수색하거나 우리의 평화를 방해할 이유를 갖게 될 것이다. 그러나 우리는 이러한 방해가 최소한이 되길 희망한다. 따라서 심사기준은 국가의 방해로 인한 부담 정도이다. 방해가 덜 부담스러울수록 보호 역시 감소하게 된다.

둘째, 존엄성으로서의 프라이버시로의 변화이다. 이 프라이버시 개념에 따르면, 사이버스페이스에서 감시가 당신을 전혀 괴롭히지 않는다 하더라도 또는 개인이 감시를 인식조차 하지 못했다 하더라도 당신의 의사소통에 대한 수색은 당신의 존엄성에 대한 침해가 된다. 이 관점에서 국가 또는 개인이 타인의 사이버스페이스상의 통신을 감시하려면 타당한 이유가 있어

58 권영성, 헌법학원론 423-24면(2002)

59 로렌스 레식/김정오 역, 코드: 사이버스페이스의 법이론 335-338면(2001).

야 한다. 그러한 감시가 프라이버시를 침해했건 아니건 상관없이 당신의 존엄성에 해악을 끼치는 것이다.

셋째, 실질로서의 프라이버시로의 변화이다. 실질로서의 프라이버시는 국가의 규제 권한을 제한하는 수단으로서의 프라이버시이다. 이것은 상상하기에 쉽지 않은 생각이다. 왜냐하면 오늘날 세상에는 증거물이 될 자료들이 많기 때문이다. 신용카드기록, 전화기록, CCTV 등 무수히 많다. 이 개념에 따르면 프라이버시는 국가의 권한에 대한 실질적인 제한이다. 특정 법규범들을 집행하는 국가의 권한에 대한 제한으로서 이 개념은 국가가 유효하게 부과할 수 있는 규제의 종류에 실질적인 한계를 부과한다. 이러한 방식으로 이해한다면 프라이버시는 존엄성 보장이나 침해의 제한보다 더 큰 역할을 하게 된다. 프라이버시가 국가 권한의 한계를 결정하게 되는 것이다.

원칙적으로 세 가지로 구분되는 프라이버시의 개념은 사례에 따라 다른 결과를 초래할 수 있다. 예를 들어 어떤 감시는 침해적인 것은 아니더라도 존엄성을 해칠 수 있을 것이다. 그 경우에 우리는 헌법의 보호를 가장 잘 보장할 수 있는 프라이버시의 개념을 선택해야 할 것이다. 하지만 오늘날 이 세 개념들은 서로 다른 결과를 야기한다. 유용성 개념은 존엄성과 실질적 개념에 의해서 금지되는 효율적인 감시를 허용할 것이다. 올바른 해석은 해석을 위한 적합한 개념을 선택하는 데 달려 있다.

그러나 기술이 변화함에 따라 본래의 의의가 도전을 받게 되었다. 위와 같은 기술은 어떤 방해도 하지 않고 사이버스페이스에서 수색할 수 있으므로 헌법 제17조가 무엇을 보호하는 것이냐에 관하여 충돌이 발생할 수 있다.

3.5 종류

이와 같은 프라이버시 개념에 의하여 프라이버시는 다음과 같이 구분할 수 있다. 이 프라이버시의 종류들은 서로 혼합되어 다양한 개념을 전달하게 된다.[60] 프라이버시의 보호대상은 프라이버시의 주체를 식별할 수 있는 정보를 말한다. 여기에는 개인정보와 경우에 따라 비개인정보가 포함된다. 이러한 개인정보가 그 주체에게 사적으로 특별히 민감하고 당혹감을 줄 수 있는 경우는 말할 필요가 없고, 비록 그 정보가 평범하거나 사소한 것이라도 그 주체의 의사에 반한 것으로 추정되는 경우에는 프라이버시의 보호대상에 해당한다.

1. 개인정보

개인정보는 프라이버시의 주체를 식별할 수 있는 정보를 의미한다. 이것은 특정인의 정보를 제3자에게 전송하기 위해 의도적으로 창출하는 작성자가 존재하여야 한다. 또 프라이버시의 데이터는 그 개인의 경제, 사회 및 생물학 등의 다양한 측면에서 사회적으로 지속되는 지위를 설명하는 요소를 포함한다.

개인정보의 주요한 부분으로는 다음과 같은 것이 있다.

① 일반정보: 이름, 주민등록번호, 주소, 전화번호, 생년월일, 출생지, 본적지, 성별, 국적 등

② 가족정보: 부모성명 및 직업, 배우자 성명 및 직업, 결혼기념일, 부

---

60 Jerry Kang, Information Privacy in Cyberspace Transactions, 50 Stanford L. Rev. 1193, 1202 (1998).

양가족의 성명, 가족구성원 들의 출생지 및 생년월일, 가족의 주민등록번호 등

③ 교육 및 훈련정보: 학생기록부, 학력, 학교성적, 기술자격증, 전문면허증, 서클활동, 상벌사항, 성격 및 행태 보고, 교우관계 등

④ 병역정보: 군번, 계급, 제대유형, 주특기, 근무부대 등

⑤ 부동산정보: 소유주택, 소유토지, 건물, 분양권, 콘도 소유권 등

⑥ 동산정보: 자동차, 보유현금, 저축현황, 현금카드, 신용카드, 주식, 채권, 유가증권, 수집품, 소장예술품, 보석 등

⑦ 소득정보: 연봉, 이자소득, 임대소득, 기타 소득의 원천

⑧ 기타 수익정보: 보험가입현황, 보험수익자, 회사의 판공비, 투자프로그램, 퇴직 프로그램, 휴가, 병가 등

⑨ 신용정보: 대출상황, 저당권설정여부, 신용카드 연체 및 미납, 담보설정여부 등

⑩ 고용정보: 고용형태, 고용주, 회사주소, 상사의 성명, 직무수행평가기록, 훈련 기록, 상벌기록, 고용경력 등

⑪ 법적 정보: 전과기록, 교통위반기록, 파산 및 담보기록, 구속기록, 이혼기록, 납세기록 등

⑫ 의료정보: 본인 및 가족 병력, 과거의 의료기록, 정신질환기록, 신체장애, 혈액형 등

⑬ 조직정보: 노조가입, 종교단체가입, 정당가입, 클럽가입 등

⑭ 습관 및 취미정보: 흡연량, 음주량, 취미, 여가활동, 도박성향, 비디오 대여기록 등

문제는 이러한 개인 신원의 증명수단을 제한된 이용 목적에 한하여 적용하여야 함에도 불구하고 하나의 증명수단이 다양한 행정목적과 필요성

에 의해서 광범위하게 적용하는 경우에는 최소한의 이용목적에 반하는 결과로 프라이버시의 보호목적에 반하는 결과를 초래함으로 위법하거나 위헌성의 문제를 야기할 수 있다.

2. 비개인정보

비개인정보는 그 개인의 데이터의 익명성으로 인해서 특정한 개인을 식별하기 어렵고 또는 추적이 곤란한 정보를 의미한다. 물론 비개인정보는 외견상으로 프라이버시 침해의 우려가 없을지라도 법집행 과정이나 미디어에 의해서 익명성이 보장된 피의자나 피고인 등의 진술도 전체적으로 식별이 가능하다는 점이다. 인터넷의 이용이 급증하면서 이러한 비개인정보는 그 범위가 훨씬 확대되고 있기 때문에 단순히 개인정보만으로 식별이 곤란할지라도 다른 관련 정보와 결합됨으로써 식별될 수 있다는 점을 유의하여야 한다.

3.6 프라이버시 규제 모델

1. 포괄 모델

포괄 모델은 포괄적인 법을 제정하는 것으로 유럽연합(European Union:EU)가 주로 이러한 방법을 사용한다. 이 법은 공공 또는 개인적인 모든 영역에서의 개인정보에 대한 수집, 사용, 전파에 대해 적용된다. 일반적으로 이러한 포괄적인 정보보호법을 운영하는 나라는 강제집행을 할 수 있는 정부기관이나 공공기관을 가지고 있다. 이러한 정부기관은 일반적으로 정보보호기구(Data Protection Authority:DPA)라 불리며 이 기관은 법을 준수하는지 확인하고 그리고 법의 허점이 있는지 조사한다. 포괄 모델은 과거의 부당한 행위를 처리하기 위해, 전자상거래를 활성화하기 위해, 범 유럽적인 법에 대한 일관성을 확고히 하기 위해 복합적으로 고려한 결과이다.

2. 분야 모델

분야 모델은 영역적인 법(sectoral law)으로 미국이 가장 대표적이다. 이 법률구조는 특별히 지정된 각 산업 영역별로 각각의 법률이 존재하여 각 법률에 의해 개인 정보를 보호하는 구조를 가진다. 이 영역별 모델은 기술적인 적합성과 관리에 대한 중요한 두 가지 문제점을 가지고 있다.

CHAPTER 04

프라이버시 침해 유형

최근 서울시 강남구가 방범목적으로 강남구 뒷골목에 CCTV를 설치하여 누가 언제 어디에 있었는지를 파악할 수 있게 되었다. 한발 더 나아가 휴대폰 카메라의 급속한 보급으로 프라이버시가 고도로 지켜져야 할 목욕탕 또는 화장실 등에 자신이 인식하지도 못하는 사이에 자신의 은밀한 부분과 행동에 대한 촬영의 공포에 휩싸이고 있다. 회사는 직원도 모르게 또한 동의도 없이 이메일을 검열한 사건이 발생하여 하여 충격을 주고 있다. 인터넷상의 거의 대부분의 비즈니스에 단순 회원 가입에도 주민등록번호를 요구하여 대부분의 경우 이것이 타인에게 유출되고 있는 상황이다. 이러한 모든 것은 타인에 대한 관심이 누구보다도 큰 민족적 특성에 첨단과학기술이 결부되어 가능해진 새로운 유형의 프라이버시 침해 유형이다.

인터넷 비즈니스에서 고객의 프라이버시 보호는 그 무엇보다도 중요한 것이며 이것이 얼마나 쉽게 침해될 수 있는지를 단적으로 보여주는 것이 1999년 12월 21일 AOL과 타임 워너(Time Warner)의 합병이다. 이로 인하여 약 1조6,600억 달러의 경제적인 규모가 확대되었다. 이는 온라인 기업과 오프라인 기업간의 상호간 정보결합에 의한 시장 창출의 가능성을 시사하였다. 실제는 Time Warner가 AOL이 가진 온라인상의 개인정보를 활용하여 시장과 상품의 개발에 따른 시너지 효과를 기대한 것이다. 그런데 같은 날 해커가 CD Universe의 웹사이트에 침입하여 그의 고객 300,000명의 신용카드번호와 패스워드 파일을 절취하는 충격적인 사건이 발생하였다. 이것은 사이버스페이스에서 개인정보의 보호가 얼마나 중요한지를 일깨워주는 일대 전기가 되었다.

전자상거래 시장규모는 기하급수적으로 증가하고 있다. 그런데 한 조사에 의하면 전자상거래에서 소비자들이 온라인 구매를 거부하는 이유로 네트워크의 안전성의 장해(68%), 물품의 배송상의 문제(58%), 타인의 개인정보 침해(55%), 판매자의 신용문제(54%), 물품의 차이(49%), 기타 이유(20%)를 들고 있다. 여기에서 전자상거래의 발전을 위해서도 네트워크의 안전성 문제 및 개인정보 침해와 같은 프라이버시 문제가 가장 큰 과제임을 여실히 드러내고 있다.

인터넷 이용은 대량 정보의 처리와 유통이 신속하고 공간의 장애를 해소하여 쌍방향으로 증대되고 있다. 오늘날 각국은 프라이버시의 보호대상에 관해서 공통적인 대상을 설정하는 추세를 보이고 있다. 이는 프라이버시의 보호객체가 IT의 적용에 따라서 동일한 범위로 점점 보편화되고 있는 현상을 나타내고 있음을 알 수 있다.

이하에서는 IT가 창조한 사이버스페이스에서 프라이버시의 침해유형을 다음의 네 영역을 중심으로 해당하는 문제를 검토하고자 한다. 물론 이러한 프라이버시의 침해 유형은 개인의 인권을 보호하는데 기준을 두고 있지만, 경우에 따라서는 기업의 비밀과 국가이익과 충돌하는 까닭으로 공권력의 제한이 어떤 요건과 절차에 의해서 허용될 것인가의 프라이버시의 보호의 한계와 직접적으로 관련하여 검토하여야 할 것이다.

4.1 정보프라이버시

1. 의의

정보프라이버시(Information privacy)는 종래의 공공 부문과 민간 부문에서 개인정보의 데이터의 수집 및 취급과 관련하여 법령을 근거로 해서 운용하는 개인정보를 말한다. 우선 공공기관이 수작업이나 컴퓨터에 의해서 수집과 관리 및 이용하는 개인정보가 주요 대상이다. 행정기관이 시민의 개인정보를 수집하고, 관리하는 경우에는 디지털 형태이든지 아날로그 형태이든지 관계없이 모든 개인정보에 대한 접근과 이용에 대한 법적 규율이 전제되어 있다.

정보프라이버시는 개인정보의 유통과 관계가 있는 것으로, 개인정보의 처리 (수집 · 처리 · 이용 등)에 대한 개인의 통제에 대한 것이다. 이 프라이버시 요소는 예를 들어 어떤 사람의 동의 없이 사이버스페이스상의 기밀 파일을 통하여 민감한 의료정보를 수집하였을 때 침해된다.[61] 이 정보프라이버시를 미국 헌법상 최초로 인정한 것은 Whalen v. Roe 사건이다.[62] 이 정보프라이버시는 개인 정보를 수집 · 처리 · 이용되는 관계를 통제하기 위한 개인의 요구라고 할 수 있다.[63] 이 정보프라이버시는 개인정보 소유자의

61 Jerry Kang, 앞의 논문 1203.

62 Whalen v. Roe, 429 U.S. 589(1977).

63 Information Infrastructure Task Force, Privacy and the National Information infrastructure: Principles for Providing and Using Persnal Information, 5(1995).

자기정보에 대한 통제권(자기정보통제권)의 측면에서 개인정보를 강조하기 위하여 사용된 용어이다.

이러한 정보프라이버시에는 기존의 프라이버시와 두 가지 다른 점이 있다. 첫째, 정보프라이버시는 동시에 두 사람 이상의 사람들에 공유되고 사용되어질 수 있다는 것이고, 둘째 정보프라이버시는 무제한적으로 다른 목적으로의 사용이 가능하다는 것이다. 이러한 정보프라이버시의 특징은 개인에 대한 전혀 새로운 정보의 창출 가능성 및 컴퓨터 등에 개인정보의 잔존가능성 등의 컴퓨터 및 인터넷의 특징과 결합하여 오늘날 심각한 프라이버시의 침해문제를 제기하고 있다.

예컨대 현행 주민등록법에서 정하는 일반적인 행정정보에 관련되는 성명, 주민등록번호, 주소, 전화번호, 생년월일, 출생지, 본관, 취미와 특기, 국적, 가족관계, 교육과 직업훈련에 관한 정보로서 최종학력과 학적사항, 자격증, 상벌관계, 병역정보로서 계급, 병과와 병종, 특기부여, 군번 등이 있다. 또한 재산사항에 관한 등기내역으로서 동산과 부동산의 내용과 채권 및 지적재산권의 내역, 과세목록과 내역에 관한 내용, 각종 소득정보로서 연봉, 소득세의 징수 내역과 납세실적 등, 보험가입과 부대수입 등 그리고 고용정보로서 사업주나 고용 관계 및 근무평가기록 등이 있다. 특히 중요한 정보프라이버시는 금융기관의 신용정보로서 은행예금과 거래내역, 증권회사 고객의 증권계좌와 주식거래 내역 등, 신용카드회사의 고객의 신용정보와 결제내역 등이다. 또한 병원이나 의료기관의 환자의 병력과 진료내역 등의 개인정보와 의료기관이나 의료보험공단 등이 관리하는 병력과 진료기록 및 치료과정의 자료 등이다. 또한 정부가 기록하고 보관하는 범죄인의 개인기록으로서 전과자료, 범죄특성의 기록, 그리고 혼인관계와 성적 취향에 관한 기록이나 경력의 자료 등이 이에 해당하는 개인정보로서 민감한 사안에 관련된다고 본다.

이러한 정보프라이버시는 관리주체에 의해서 침해되는 경우가 다수이다. 즉 외부자의 침입보다는 내부자의 불법적인 유출에 의하여 침해되는 까닭에 조직내부의 개인정보에의 접근을 엄격하게 법적으로 규율하는 것이 무엇보다도 중요한 관건이다. 이 중에 가장 많은 문제점을 노출하고 있는 주민등록번호를 둘러싼 문제를 상세히 살펴본다.

2. 주민등록번호제도

1) 서론

주민등록법은 현존하는 개인정보의 국가등록제도 중 가장 기본적인 제도이며 가장 포괄적인 범위에 걸쳐 국민의 개인정보를 수집하는 제도이다.[64] 또한 다른 법률과 제도는 주민등록법에 기초한 국민의 개인정보를 필요로 함에 따라 주민등록법이 가지는 우리나라 법제에서의 위치는 대단히 독보적인 것이라 하지 않을 수 없다. 그러나 주민등록번호에는 한 개인의 생년월일 및 성명 등의 정보가 포함되어 있기 때문에 그 자체로서 프라이버시 침해의 위험성을 상당히 내포하고 있다.

그러므로 정보화사회의 역기능을 방지하기 위해서 제정된 개인정보 보호법은 개인정보를 생존하는 개인에 관한 정보로서 당해 정보에 포함되어 있는 성명 · 주민등록번호 등의 사항에 의하여 당해 개인을 식별할 수 있는 정보(당해 정보만으로는 특정 개인을 식별할 수 없더라도 다른 정보와 쉽게 결합하여 식별할 수 있는 것을 포함한다)로 정의하고, 개인정보의 보호를 위하여 취급에 관하여 필요한 사항을 규정하기 위함이 목적이다. 특히

---

64 이재일, 주민등록번호 도용에 대한 문제점 및 개선방안, 제2회 개인정보보호 심포지움, 105 이하 참조(2003).

프라이버시의 보호주체를 법률에 의해서 구체적인 생존하는 자연인의 개인정보로 한정하고 있다.

주민등록법은 1962년부터 실시한 주민등록제도를 통해서 인구동태의 파악을 통한 행정편의를 도모하기 위한 것이다. 이것은 특정한 개인의 신원을 식별할 수 있는 개인 데이터로서 당해 개인정보의 검색이 가능한 프로파일의 축적으로 컴퓨터의 자기테이프 · 지기디스크 기타 이와 유사한 매체에 기록되어 있다. 공공기관은 소관업무를 수행하기 위하여 필요한 범위 안에서 개인정보파일을 보유할 수 있도록 허용하고 있다. 당연히 주민등록법에 의해서 모든 국민에게 고유하게 식별되는 다목적 용도의 주민등록번호를 부여함으로써 개인파일이 생성될 수밖에 없고 또한 개인별 · 세대별 주민등록표를 작성과 비치 및 기록하도록 하고 있다(주민등록법 제7조). 이들 주민등록표 파일은 전산정보처리로 기재하도록 한다는 점에서 온라인에 의한 개인정보의 보호범위에 속하는 것임을 알 수 있다.[65]

하지만 주민등록제도는 모든 국민 개개인마다 고유한 주민번호를 부여하여 다양한 행정목적의 용도뿐만 아니라 민간 부문에서도 마찬가지로 이용되고 있음을 유의하여야 한다. 원래 행정목적의 주민등록제는 공공부문에만 한정되지 아니하고 민간 부문까지 전체 생활영역에서 특정한 개인정보가 광범위하게 활용되면서 주민등록번호의 오 · 악용 피해의 실태는 중대한 경제 · 사회적 문제를 야기하고 있다. 주민등록제도에 따른 기본권 침해의 개연성은 개인정보 파일을 공공기관 및 민간기관이 분산 · 보유하는 형편이고, 또 개인정보에 대한 침해와 분쟁해결에 관한 제도도 정비되지 아니

65 정영화, 현행 주민등록번호제도의 위헌성과 그 제도개선방안, 민주사회와 변호, (2001. 3/4), 민주사회를 위한 변호사모임.

한 상황이다.

현재 우리나라 인터넷사이트는 거의 예외 없이 회원 가입시 개인의 주민등록번호를 필수적으로 기입할 것을 요구하고 있다. 그 결과 자신의 실명을 숨기기 위하여 주민등록번호 생성기를 이용하여 임의로 생성한 주민등록번호로 인터넷사이트에 회원가입을 하거나 타인의 주민등록번호를 도용하여 인터넷사이트에 회원 가입하는 사례가 빈번히 발생하고 있다. 특히 채팅사이트와 게임사이트에서 주민등록번호 도용 문제는 심각한 수준에 이르고 있다. 주민등록번호 도용은 기업보다는 대체로 개인에 의한 도용으로 발생하고 있지만 보다 근본적인 원인을 분석해 보면 정보통신망 사업자, 즉 인터넷 사업자들의 과도한 개인정보 수집 관행이 주민등록번호 등 개인정보의 유출을 유도하고 있다. 즉, 인터넷 없이는 생존하기 어려워진 요즈음 대부분의 웹사이트는 각 사이트 이용을 회원제로 제한하고 있고, 이를 이용하기 위해서는 반드시 성인인증 또는 본인확인 차원에서 주민등록번호를 필수 가입항목으로 요구하고 있기 때문이다.

그럼 왜 정보통신망 사업자는 주민등록번호를 웹사이트 회원가입 필수항목으로 요구하는 것일까? 주민등록번호 외에 본인을 확인할 수 있는 다른 방법은 없는가? 주민등록번호제도가 없는 외국의 경우 온라인 쇼핑몰과 온라인 컨텐츠 이용시 본인확인을 어떤 방법으로 하고 있는가?

2) 국내 현황

우리나라의 주민등록제도는 1962년 주민등록법의 제정을 통해 처음 도입되었으며 1975년 주민등록법시행령과 시행규칙의 개정으로 생년월일, 성별, 지역을 식별할 수 있도록 된 13자리의 숫자체제로 바뀌어 현재에 이르고 있다. 현재는 시행규칙 제2조 주민등록번호의 작성 조항에 이 내용이 규정되어 있다. 주민등록번호가 담고 있는 개인정보를 살펴보면 앞의 여섯 자리 숫자는 생년월일을 나타내며, 뒤의 7자리 숫자 중 맨 앞자리 숫자는 출생연대와 성별을 나타낸다. 예컨대, 1900년대에 태어난 남자는 1번, 여자는 2번, 2000년대에 태어난 남자는 3번, 여자는 4번이 부여된다. 두번째 자리부터 다섯번째 자리까지의 네자리 숫자는 최초 주민등록번호 발급기관의 고유 번호이다. 여섯번째 자리는 신고순위이다. 즉, 신고당일 같은 지역의 같은 성(姓)을 쓰는 사람들 중에 몇 번째로 신고가 되었는지를 기록하는 것이다. 그리고 마지막 일곱번째 숫자는 주민등록번호가 맞는지 여부를 증명해주는 오류수정번호이다. 1975년의 시행령 및 시행규칙의 개정을 통해 주민등록번호는 더욱 많은 개인정보를 함축하는 조합체계로 강화되었고 보다 주도면밀한 관리통제의 방법으로 활용되게 되었던 것이다. 주민등록번호의 지역번호의 경우는 행정구역의 변경에 의하여 내용의 변화가 있을 수 있으나 기 주민등록증을 부여받은 자와는 별 관계가 없고 다만 행정처리과정이나 변경 이후에 주민등록을 하는 자의 주민등록번호에 영향을 줄 뿐이다. 주민등록번호의 조합방법은 '주민등록번호조립계획'에 의거하여 이루어지며, 그 내용과 방법은 보안업무규정에 의거하여 2급 비밀로 관리되고 있다.

주민등록법은 다른 사람의 주민등록번호를 자기 또는 다른 사람의 재물이나 재산상의 이익을 위하여 부정 사용한 경우에는 3년 이하의 징역 또는 1천만원이하의 벌금에 처한다고 규정하고 있다.

정보통신망 이용촉진 및 정보보호 등에 관한 법률은 정보통신서비스제공자는 이용자의 개인정보를 수집하는 경우 정보통신서비스의 제공을 위하여 필요한 최소한의 정보를 수집하여야 하며, 필요한 최소한의 정보 외의 개인정보를 제공하지 아니한다는 이유로 당해 서비스 제공을 거부하여서는 안 된다고 규정하고, 또한 정보통신망에 의하여 처리 · 보관 또는 전송되는 타인의 정보를 훼손하거나 타인의 비밀을 침해 · 도용 또는 누설하는 경우 5년 이하의 징역 또는 5천만원이하의 벌금에 처한다고 규정하고 있다.

전자상거래 등에서의 소비자 보호에 관한 법률은 소비자에 관한 정보가 도용되어 당해 소비자에게 재산상의 손해가 발생하였거나 발생할 우려가 있는 특별한 사유가 있는 경우에 사업자에게 필요한 조치를 취하도록 의무를 부여하고 있다. 즉, 사업자는 소비자 본인이 요청하는 경우에는 도용 여부를 확인하고 당해 소비자에 대한 관련거래 기록을 제공하여야 하며, 도용에 의하여 변조된 소비자에 관한 정보의 원상회복 및 도용에 의한 피해 회복에 필요한 조치를 취할 의무가 있다. 따라서 주민등록번호가 도용되어 손해가 발생하거나 발생할 우려가 있는 경우에는 동법의 규정에 의해 사업자에 대해 필요한 조치를 요청할 수 있다. 다만 동법에서는 타인의 개인정보를 도용한 자에 대한 처벌 규정은 두고 있지 않으며, 해당 사업자가 제11조 제2항을 위반하는 경우 시정조치 및 3년 이하의 징역 또는 1억원 이하의 벌금에 처하고 있다.

인터넷사이버몰표준약관은 이용자의 정보수집시 구매계약 이행에 필요한 최소한의 정보를 수집하되 성명, 주민등록번호(회원의 경우), 주소, 전화번호, 희망ID(회원의 경우), 비밀번호 등을 필수사항으로 하며 그 외 사항은 선택사항으로 하도록 규정하고 있다. 다만 제공된 개인정보는 당해 이용자의 동의 없이 목적외의 이용이나 제3자에게 제공할 수 없으며, 이에 대한 모든 책임은 몰이 지도록 하고 있다.

3) 외국 현황

대부분의 국가에서는 우리나라의 주민등록번호와 같은 국민고유번호를 제도적으로 금지하고 있다. 또한 국가기관은 물론이고 민간기관도 신분을 나타내는 일련번호를 데이터베이스에서 인적사항을 추출하거나 여러 데이터베이스의 연결고리로 사용할 수 없도록 명시적으로 규정하고 있다. 선진국 중 전국민 신분증 제도를 채택하고 있는 국가는 프랑스와 독일, 벨기에 등 소수이다. 그러나 이들 나라의 전국민 신분증 제도와 우리나라의 주민등록제도와는 근본적인 차이가 있다. 주민등록제도에서는 전국민에게 개인고유번호인 주민등록번호를 부여하고 있으나, 이들 국가의 전국민 신분증 제도는 카드 자체의 일련번호만을 부여하고, 분실 등으로 인해 카드를 재발급받게 되면 일련번호 자체가 변경된다.

대다수 국가에서 ID카드 제도는 헌법상 프라이버시 침해의 우려를 이유로 심각한 문제를 제기하고 있다. 1991년 헝가리 헌법재판소는 다목적의 개인 ID번호 부여는 헌법상의 프라이버시 권리를 침해한다고 판결하였고, 1997년 포르투갈 헌법은 "시민은 모든 목적의 국민 ID번호를 부여받지 않는다"고 규정하고 있다. 또한 1998년 필리핀 대법원은 국민 ID제도는 헌법상 프라이버시 권리를 침해한다고 판결하였다. 또한 미국에서는 전체 연방에서 적용되는 통일적인 ID부여의 운전면허증의 법제화에 대한 저항에 직면한 바 있다. 미국은 주거등록제도와 국가신분증 제도가 없다. 미국에서는 출생기록이 곧 국적 기록이다. 출생, 사망, 혼인 등 사건별로 기록부가 작성되고 개인별로 기록되므로 철저한 사건별 · 개인별 기록제도가 시행되고 있다. 다만, 신청지역, 발급그룹, 발급순서를 나타내는 각 3자리 숫자 총9개로 이루어진 사회보장번호(Social Security Number : SSN)는 결과적으로 강제적인 주민등록과 개인식별번호를 부여하는 것과 같은 효과를 낳는다. 그러나 미국에서 사회보장번호를 공개하는 것은 법으로 금지되어 있으며, 사회보장번호를 제공하지 않았다는 이유로 서비스 제공을 거부해서는 안

된다는 규정을 두고 있다.[66] 영국이나 아일랜드, 오스트레일리아, 캐나다 등과 같은 나라들도 일반적인 국민등록제도를 두고 있지 않다.

일본의 경우 '전자정부 · 전자자치체의 구축'을 위해 주민기본대장과 주민기본대장카드를 활용한 주민기본대장 네크워크시스템(일본에서는 '주기넷(住基Net)'이라 약칭)을 구축하고 2002년 8월 5일 1차 서비스를 시작했다. 이 주민기본대장카드는 우리나라의 주민등록증과 매우 유사한 카드로 우리나라의 주민등록번호와 같은 주민표 코드를 추가, 행정기관에 대한 본인확인 정보의 제공 등을 하는 카드이다. 주민기본대장은 주민의 거주관계의 공증, 선거인명부의 등록, 그 외의 주민에 관한 사무처리의 기초가 되는 제도로서 각 시도 및 지방은 주민표를 세대마다 편성해 작성한다. 또한 주민기본대장카드는 주민대장의 내용을 내장한 IC 카드로 국가가 아닌 시 · 정 · 촌(市 · 町 · 村)이 카드를 발행하며 관리한다. 주민기본대장 네트워크시스템은 지방공공단체 공동으로 운영되는 시스템으로서 거주관계를 공증하는 주민기본대장의 네트워크화를 추구하며, 이름, 생년월일, 성별, 주소 등 4가지 정보와 주민표 코드 등에 의해 전국 어디에서나 공통적으로 본인확인을 가능하게 하는 일본 '전자정부 · 전자자치체'의 기반이 되는 시스템이다.

우리나라의 주민등록증과 매우 유사한 일본의 주민기본대장카드는 교부주체가 국가가 아닌 시 · 정 · 촌장이 주민의 신청에 의해 교부하며, 서비스 제공주체인 시 · 정 · 촌의 서비스 제공범위는 시 · 정 · 촌이 조례로 정하는

66 The Privacy Act of 1974. 5 U.S.C. § 552a (note). §7(a) (1) It shall be unlawful for any Federal, State or local government agency to deny to any individual any right, benefit, or privilege provided by law because of such individual's refusal to disclose his social security account number.

목적내로 한정된다. 또한 도도부현 및 지정정보처리기관이 보유하는 정보 및 보유기관의 범위, 그리고 이용목적을 법률에 한정하는 등 주민의 개인정보보호를 철저히 하고 있다. 무엇보다 주민기본대장카드가 우리나라의 주민등록증과 다른 점은 주민기본대장카드에 입력되는 주민표 코드를 민간부문이 이용하는 것을 금지하고 있으며, 행정기관이 이용하는 것도 법률에 의해 구체적으로 지정하고, 주민표 코드 자체는 우리나라의 주민등록번호와 같은 변경불가의 번호가 아니라 무작위번호이므로 주민의 신청에 의해 언제라도 변경이 가능하다는 점이다.

4) 주민등록번호 수집 · 이용 · 도용 현황

주민등록번호가 본인확인 또는 성인 여부의 척도로 사용되고 있다. 하지만 Google, Facebook, Twitter, Amazon 등과 같은 외국의 웹사이트는 우리나라와 같은 주민등록번호를 수집하지 않고도 모든 운영을 무리 없이 하고 있다. 그런데 왜 우리나라만 유독 주민등록번호가 본인확인을 위한 필수입력정보로 사용되고 있는 것인가? 어쩌면 다른 모든 웹사이트에서 주민등록번호를 필수입력사항으로 하고 있기 때문에 당연히 우리 사이트에서도 수집한다는 논리가 적용된 것은 아닐까? 이용자들의 주민등록번호 제공 및 도용에 대한 인식조사는 사업자들의 주민등록번호 수집에 따른 폐해를 단적으로 보여주는 여러 가지 결과를 보여주고 있다.

한 조사결과에 의하면, 주민등록번호를 제공해야 하는 상황은 평소 웹사이트를 이용하면서 개인정보를 제공하게 되는 경우로 '정보서비스를 받거나 컨텐츠 내용을 보려면 회원가입이 필수라서(64%)'가 가장 많은 경우이고 그 다음으로 '상품 또는 /서비스를 구매하기 위해(26.4%)', '경품이나 현금을 받기 위해(6.0%)' 등의 순이다.

제공하기 꺼려하는 정보로는 '주민등록번호(91.8%)'가 가장 높으며 그 다음으로 '신용카드번호(70.0%)', '예금계좌번호(60.6%)' 등의 순이다. 신용카드번호나 예금계좌번호보다 더 제공하기 꺼려지는 정보가 주민등록번호임을 여실히 증명하고 있다. 프라이버시 침해가 주민등록번호에 의하여 가장 빈번하게 발생할 수 있음을 보여주고 있다.

다음으로 주민등록번호를 요구하는 사이트 가입시 '항상 본인 것을 사용하는 경우(83.4%)'가 가장 높으나, '경우에 따라 본인의 것과 타인의 것을 선택해서 사용하는' 경우와 '항상 타인 것을 사용하는' 경우도 약 12.0%로 적어도 10명중 1명은 타인의 주민등록번호를 사용해본 경험이 있는 것으로 파악되었다. 이것은 주민등록번호를 요구해도 10% 이상이 타인의 주민등록번호를 사용하는 것이 가능함으로써 주민등록번호가 프라이버시 보호 역할을 충분히 할 수 없음을 여실히 보여주고 있다.

다음으로 주민등록번호 도용실태에 대한 조사결과를 살펴보면, 인터넷 이용시 가족 등의 타인 주민등록번호를 허락 없이 이용하고 싶은 이유로 '본인의 주민등록번호 유출이 걱정 되어서'라는 응답이 주민등록번호 도용 비경험자와 경험자에서 각 각 43.0%와 38.3%로 가장 높으며, 다음으로 '성인 및 게임사이트 등에 가입한 흔적을 남기고 싶지 않아서'가 32.3%와 36.7%로 나타나 예상했던 것처럼 평범하고 일반적인 사이트의 이용시 보다는 자극적이거나 유료 컨텐츠를 제공하고 있는 사이트 이용시 본인의 주민등록번호 대신 타인의 주민등록번호를 도용하거나 사용하는 것으로 분석되었다. 이것으로 미루어볼 때 주민등록번호가 프라이버시와 얼마나 밀접한 관련이 있는지를 알 수 있다. 경우에 따라 주민등록번호 자체가 프라이버시라고 해도 과언이 아니다.

특별히 주민등록번호 도용 경험자의 경우 '가입시 특별한 이유 없이 타인의 주민등록번호를 이용해 오고 있어서'라는 응답이 13.3%로 나타나 주민등록번호 도용의 경우는 1회성으로 그치는 것이 아닌 지속적이고 습관적으로 될 수도 있음을 보여주는 것이다. 이것은 주민등록번호 도용으로 인한 개인의 프라이버시 침해가 단순히 일순간의 우발적인 해프닝으로 끝나는 것이 아니라 자신도 모르는 사이에 조직적으로 그리고 계속적으로 타인에 의하여 도용되어 사이버스페이스뿐만 아니라 오프라인 세계에서도 타인으로 인식되어 정신적 및 금전적으로 막대한 피해를 줄 수 있음을 단적으로 나타내는 것이다.

주민등록번호 도용의 대상자를 살펴보면, '도용경험자'의 경우는 '친구(61.7%)'가 가장 높으며 그 다음으로 '주민등록번호 생성기를 통해 알게 된 무작위번호', '본의 아니게 알게 된 타인의 주민등록번호' 그리고 가족의 순이다. 여기에서 주민등록번호 도용자의 대다수는 친구나 가족 등 지인에 의해 일어날 수 있음을 알 수 있다.

주민등록번호 도용 후 행태를 살펴보면, 경험자는 '일시적으로 필요해서 이용했으므로 이용 후 즉시 탈퇴했다'는 응답이 상대적으로 낮으며, '한 번 이용한 사이트이므로 계속해서 이용하고 있다'와 '어느 정도 이용하다가 탈퇴했다'는 응답은 상대적으로 높게 나타났다. 여기에서 주민등록번호 도용이 일회성이 아니고 습관적임을 어느 정도 인식할 수 있다.

다음으로 주민등록번호 도용자의 도용 후 의식을 살펴보면, '타인의 금전적 피해는 아니므로 별로 미안하지 않다(33.3%)'고 생각하는 경우가 가장 높게 나타나 타인의 정보에 대한 소중함이나 프라이버시 침해에 대한 인식이 상당히 낮다. 이는 우리 사회에 팽배한 도덕적 해이 현상과도 일맥상통하는 것이 아닐까 하는 생각이 든다.

주민등록번호 도용으로 인한 피해를 입은 경험이 있는 경우가 19.8%

에 달하고 있으며, 피해 실태를 구체적으로 살펴보면 '불쾌한 정도였다(53.5%)'가 가장 높으며, '아무런 피해도 입지 않았다(25.3%)', '금전적 피해 없이 정신적 피해를 입었다(19.2%)' 등의 순으로 나타나 아직까지는 주민등록번호 도용이 단순도용(타인의 주민등록번호를 이용하여 사이트를 가입하거나 서비스를 이용)이 많음을 알 수 있다.

그러나 주민등록번호의 도용은 그 자체로 잠재적인 범죄의 가능성을 다분히 가지고 있고, 한 번 도용된 번호는 습관적으로 재도용 되는 가능성이 높아 금전적인 피해보다도 프라이버시 침해 등 불안감으로 인해 유발되는 정신적인 피해가 훨씬 더 클 수 있음을 간과하지 말아야 한다.

주민등록번호 도용에 관한 법 · 제도 인식조사 결과를 보면, 타인의 주민등록번호를 도용하는 경우 법적으로 처벌을 받는다는 것을 '잘 모른다'는 응답과(50.6%), 전혀 모른다는 응답(20.6%)이 71.2%나 차지해 거의 대부분의 인터넷 이용자들이 주민등록번호 도용에 따른 법적 처벌제도에 대한 인지도가 상당히 낮다. 이것은 앞으로 사이버 윤리 및 법에 대한 교육이 반드시 필요함을 보여주는 것이다.

위에서 살펴본 바와 같이 이용자와 사용자 모두 주민등록번호 도용에 대한 우려는 공감하지만 사용자 입장에서는 본인확인이나 인증을 위해 아직까지 주민등록번호를 대체할 만한 수단이 없기 때문에 주민등록번호를 수집한다는 결과를 알 수 있다. 결국 본인확인이나 인증을 할 수 있는 다른 대체수단이 개발된다면 주민등록번호의 수집과 도용우려에 대한 대응책이 제시될 수 있을 것이다.

주민등록번호 도용 및 피해 사례를 살펴보면, 주민등록번호 도용으로 인하여 웹사이트 회원 가입이 안되는 경우가 있다. 인터넷 사이트에 회원가입을 하기 위해 주민등록번호를 입력하면 "이미 등록된 주민등록번호입니다"라는 메시지가 나타날 때 이전에 가입한 사실이 전혀 없는 피해자는 당황할 수밖에 없다. 뿐만 아니라 단순히 한군데 사이트만 회원가입이 안되는 경우가 있는가 하면 설상가상으로 가입하고자 하는 사이트마다 누군가 자신의 주민등록번호를 도용하여 이미 회원가입을 해 둔 경우도 있다.

주민등록번호를 도용당하여 해당 웹사이트의 가입이 불가능하게 될 경우 피해자는 일차적으로 해당 웹사이트의 가입불가라는 불편함을 고수해야 할 뿐만 아니라, 이차적으로는 주민등록번호가 도용임을 입증해야 하는 책임까지 지게 된다. 즉 이미 가입된 아이디가 도용된 주민등록번호를 이용한 것임을 증명하기 위해 본인확인이라는 과정을 거쳐야 하며, 이를 위해 해당 사이트 관리자에게 신분증 사본을 제출해야 하는 등 여러 가지 복잡한 절차를 거쳐야만 한다. 최근에는 회원 탈퇴를 위한 본인인증시 주민등록증 사본뿐만 아니라 주민등록등 · 초본까지 요구하는 사이트도 있다. 이처럼 단순한 주민등록번호 도용이지만 정작 피해 당사자는 인터넷 웹사이트를 이용하지 못하는 불편과 본인확인을 위한 복잡한 절차까지도 거쳐야 하는 여러 가지 어려움을 겪게 된다.

주민등록번호 도용으로 인한 금전적 피해를 살펴보면, 단순도용인 경우 회원가입 불가와 인터넷 이용에 따르는 불편함을 제외한다면 도용에 대한 심각성이 그리 부각되지는 않을 수도 있다. 그러나 실제 주민등록번호와 명의를 사용하여 유료 사이트에 가입하고, 이를 연체하여 뒤늦게 신용불량자가 되고 나서 이를 통지받는 경우에는 중대한 문제를 야기한다.

최근 금융결제원이 제시하는 인터넷상 결제는 결제지불 시스템의 발전으로 나날이 발전하고 있어 특히 핸드폰을 이용한 결제의 대부분이 주민등록번호와 핸드폰 번호 등만 입력하면 결제가 되도록 하는 결제시스템으로 인하여 주민등록번호 도용에 따른 금전적인 피해는 더욱 커지고 있다.

주민등록번호 도용으로 인한 심리적 · 정신적 피해를 살펴보면, 주민등록번호 도용의 피해는 비단 회원가입 불가로 인한 사이트 이용제한이나 금전적인 피해뿐만 아니라 도용피해자의 심리적 · 정신적 불안감을 야기시킨다는 점이 가장 심각하다. 주민등록번호를 도용당한 경험이 있는 피해자들은 누가, 무슨 목적으로 도용했는지 알지 못한 채 또 다른 목적으로 자신의 주민등록번호를 악용할지 알 수 없는 불안감에 시달리게 된다고 하소연 하고 있다. 그러므로 주민등록번호 도용이 얼마나 큰 프라이버시 침해가 되는지를 알 수 있다.

5) 개선방안

주민등록번호 도용의 문제점은 크게 사업자의 주민등록번호 수집관행과 주민등록번호 생성기 등으로 누구나 쉽게 생성할 수 있는 문제로 인하여 도용에 대한 원천적인 차단이 어렵고 또한 법제도적인 대처의 한계로 인하여 고충해결이 상당히 어렵다. 이것을 자세히 살펴보면 다음과 같다.

첫째, 주민등록번호 도용의 근원은 인터넷 사업자의 과도한 주민등록번호 수집관행이다. 현재 우리나라 인터넷 사이트는 거의 대부분이 주민등록번호를 요구하고 있다. 이러한 관행 때문에 주민등록번호 자체가 프라이버시 침해의 위험성을 내포하고 있음에도 불구하고 이용자들은 어쩔 수 없이 주민등록번호를 제공하고 있다. 수집이 없다면 도용할 필요도 원천적으로 없다는 당연한 논리 외에도 인터넷 사업자의 주민등록번호 수집을 반대하는 이유는 인터넷이라는 네트워크의 개방성과 파급성, 그리고 연계성에 있다. 예컨대 인터넷상에서의 범죄는 오프라인 상에서의 범죄보다도 수백배 아니 수천배 파급효과가 크며 전달속도와 연계속도가 빠르다는 것은 익히 증명된 사실이다. 주민등록번호가 본인인증이나 확인을 위해 손쉽게 접근할 수 있는 수단임에는 분명하지만, 원래 주민등록번호와 제도가 형성된 목적은 행정의 편리를 위해서이지 민간 인터넷 사업자의 회원관리와 본인확인을 하기 위해 사용될 목적은 아니었다.

둘째, 법제도적인 처벌 및 제한의 한계 문제이다. 주민등록법 규정은 타인의 주민등록번호를 이용하여 금전적인 피해를 입힌 자에 한하여 처벌하고 있다. 그러므로 정신적 · 심리적 피해가 막대한 프라이버시 침해의 경우에도 금전적인 피해가 없는 경우 현행법상 구제받을 방법이 쉽지 않다. 뿐만 아니라 공정거래위원회에서 제시하고 있는 인터넷사이버쇼핑몰 표준약관 은 주민등록번호를 필수수집항목으로 제시하고 있어 사업자의 주민등록번호 수집을 사실상 국가가 조장하고 있다.

셋째, 주민등록번호 도용자를 찾아내기가 현실적으로 불가능한 경우가 많다. 피해자의 입장에서는 추가적인 피해방지를 위해 자신의 주민등록번호를 도용한 자를 찾아내기를 원하지만, 주민등록번호를 임의로 생성하거나 도용한 사람들은 회원가입시 다른 신상정보도 허위로 기입하는 경우가 일반적이므로 IP 추적 등을 통해 도용자를 찾아내는 것은 사실상 어려움이 많다. 또한 PC방이나 공공장소 등을 이용하여 주민등록번호를 도용하는 경우에는 IP 주소를 추적한다 하더라도 실제 범인을 검거하기가 현실적으로 불가능한 경우가 대부분이다. 실제로 주민등록번호 도용자에 대한 신고와 수사를 펴고 있는 경찰에서도 이러한 이유 때문에 주민등록번호 도용을 사실상 방치하고 있다.

주민등록번호는 번호 그 자체만으로도 너무나 많은 개인의 정보를 담고 있다. 출생년도는 물론이고, 성별, 출생지역, 신고순위, 주민등록번호의 진위여부를 알 수 있으며, 내 · 외국인의 구별도 가능하다. 그리고 이러한 즉각적인 정보를 바탕으로 주민등록번호 소지자의 나이, 단계별 취학시기, 현재의 사회적 위치 등을 유추할 수 있다. 간단히 말해 주민등록번호 그 자체가 한 개인에 관한 10가지 이상의 정보를 매우 쉽게 드러내고 있는 것이다. 이렇게 민감한 정보를 수집하는데 따르는 제한이 없다는 것은 분명 현행 제도의 문제이다.

IT 시대의 사이버스페이스에서 프라이버시를 보호하려면 현행 주민등록번호제도에 대한 근본적인 재검토가 필요하다. 주민등록번호제도 자체가 프라이버시 침해 요소를 갖고 있을 뿐 아니라 주민등록번호가 흩어져 있는 개인정보를 통합 · 프로파일링하는 수단으로 작용할 수 있기 때문이다. 사이버스페이스에서 주민등록번호 도용행위를 방지하기 위해서는 다음의 몇 가지 방법을 생각해 볼 수 있다.

첫째, 인터넷 사업자로 하여금 주민등록번호를 수집하지 못하도록 제도화하여야 한다. 민간 인터넷 사업자의 경우 주민등록번호를 필수항목으로 수집할 정당한 이유가 없으며, 대금의 결제를 위하여 꼭 필요한 경우에도 신용카드 결제나 전자서명등 공인인증서를 활용하도록 하고 주민등록번호는 요구하지 말아야 할 것이다.

미국을 비롯한 대부분의 해외 인터넷 사이트의 경우 타겟 마케팅에 필요한 이름과 아이디, 주소와 연령대, 직업 등 최소한의 정보만을 요구하며 그 정보의 정확성을 의무화하지도 않는다. 유료사이트 또는 금전거래가 주축인 사이트도 신용카드번호에 관한 정보만을 추가적으로 요구할 뿐이다. 또한 외국의 쇼핑몰이나 유료 인터넷사이트의 경우를 비교해 보아도 우리나라의 주민등록번호와 같은 사회보장번호나 특별 개인인식번호의 수집 없이도 거래와 사용을 자유롭고 안전하게 할 수 있는 점만 보아도 우리나라 인터넷 사업자의 주민등록번호 수집관행은 프라이버시 침해로 이어지는 첩경으로서 분명 해서는 안 된다. 그러므로 인터넷 사업자의 주민등록번호 수집을 금지시켜야 한다.

둘째, 주민등록번호 도용에 대한 처벌을 강화하여야 한다. 정신적 · 심리적 피해가 막대한 프라이버시 침해의 경우에는 금전적인 피해가 없는 경우에도 민 · 형사상 책임을 물을 수 있어야 한다. 또한 공정거래위원회에서 제시하고 있는 인터넷 사이버쇼핑몰 표준약관 의 필수수집항목에서 주민등록번호를 시급히 삭제하여야 할 것이다.

셋째, 주민등록번호 도용에 따른 폐해를 근본적으로 방지하기 위해서는 무엇보다도 타인의 정보를 함부로 도용하거나 오 · 남용해서는 안된다는 기본 의식과 남의 정보도 나의 정보와 동일하게 소중히 다루어야 한다는 의식의 정착이 선행되어야 할 것이다. 그러기 위해서는 나의 정보도 언제든지 도용될 수 있고 자신도 어느 순간 피해자가 될 수 있다는 것을 각인하고 타인의 프라이버시 침해가 얼마나 심각한 범죄인지를 인식시키고 이의 방지를 위한 사이버 윤리 교육이 절대적으로 필요한 시점이다.

4.2 통신프라이버시

1. 의의

통신프라이버시(Communication privacy)는 전화 · 휴대전화, 이메일 및 인터넷 등의 통신수단을 매개하여 수집과 분석 및 가공되는 개인정보로서 새로운 기술을 이용하기 때문에 이것은 오늘날 IT의 발전에 따른 부작용으로서 빈번하게 발생하는 문제이다. 따라서 가해자는 개인정보의 침해 의사를 가지고 이동하는 데이터에 접근해서 개인정보를 도청하거나 검열하는 까닭에 그 기술력에 의해서 침해범위가 결정되는 특성을 나타낸다.

현재 가장 치열한 논쟁의 대상이 되고 있는 통신 프라이버시는 국가이익이나 또는 기업비밀을 보호하기 위해서 국가기관이나 기업이 이메일을 검열하거나 전화를 도청하는 것이다. 이러한 통신 프라이버시의 침해는 우선적으로 당해 개인의 동의가 필요하고 동의가 필요하지 않은 부분은 적법절차에 의한 절차적 정의의 문제가 중요한 이슈가 될 수 있다. 즉 전화통화, 하드디스크 또는 디스켓에 저장한 데이터에 대한 강제수사가 필요할지라도 법원의 영장발부가 필요하다.

한편 공권력 또는 고용주에 의한 이메일의 검열 또는 제한은 인터넷 시스템 운영자인 웹마스터, 시샵(system operator)에게 규제권한이 행사되기 때문에 정보관리자로서 정보나 자료의 제출영장이나 명령에 대응하여 합리적인 정책이 필요하다. 일반적으로 운영자들은 실제 접근가능한 정보만을 전자게시판을 통해서 다수인에게 공개하고 있으며, 이용자와의 계약조건에 의해서 이행하되, 본인의 동의나 법원의 영장에 의해서 데이터의 공개가 가능하기 때문에 엄격한 적법절차의 요건이 부과된다고 해석한다. 그러나 기업들은 자산의 관리주체로서 근로자의 이메일을 형식적 동의하에 검열하고 있으나 이것은 프라이버시에 대한 중대한 침해라고 하지 않을 수 없다. 적어도 이를 위해서는 취업규칙 같은 내부적 규약과 적법한 절차적인 요건에 의해서 고용주의 임의의 검열이나 열람이 제한되어야 한다. 이하에서는 통신 프라이버시로서 최근에 대표적으로 문제되고 있는 이메일 검열 사례와 휴대전화 통화기록 조회에 대하여 자세히 살펴봄으로써 우리의 현황을 분석한다.

2. 이메일 검열

최근 급증하고 있는 회사 내 이메일 검열에 대한 사례로 대표적인 것은 2002년에 발생한 스카이 라이프 사건을 언급할 수 있다. 이 사건은 비록 하급심 판결이지만 IT 사회가 도래한 이후 사이버스페이스에서의 이메일이 문제된 최초의 사건이라는 입장에서 앞으로 이 분야에 대한 논의를 예측하는데 시금석이 될 수 있을 것이다. 사실관계와 판결요지를 구체적으로 살펴본다.

— 사실관계 —

피고인 이모씨는 한국디지털위성방송주식회사(일명 "스카이라이프") 본사 경영기획팀 부장으로서 동사의 부산지사에서 동부권 영업총괄지사장으로 근무하고 있는 피해자 이모씨가 위 회사의 개국지연, 셋톱박스 보급지연, 방만한 예산운영 등 회사에 불리한 내용을 외부 언론기관에 유출하여 회사를 어려운 처지에 놓이게 한다고 의심하고 2001년 11월 경부터 동인의 동태를 감시하여 오던 중, 피해자 등 관련자들을 해고할 근거를 찾기 위하여 부산지사에서 계약직으로 근무하는 직원에게 연락하여 피해자의 업무자료와 이메일을 열람하여 그 내용을 탐지하기로 마음먹고, 2002년 1월 중순경 본사 사무실에서 부산지사에 근무하는 직원에게 전화를 걸어 "피해자에 대하여 계속 동정을 살피고 컴퓨터 이메일도 한번 열어보고 나에게 알려달라"고 지시하고, 다시 같은 해 2월 5일 경 위 장소에서 인터넷에 연결된 자신의 노트북 컴퓨터를 이용하여 직원에게 "피해자의 컴퓨터에 동인이 만든 문서를 한번 체크해보기 바란다...." 라는 이메일을 보내고, 다시 같은 달 8일 경 위 장소에서 위와 같은 방법으로 직원에게 '피해자 컴퓨터 한번 수색해 봐라...'라는 이메일을 보내, 직원으로 하여금 범행의 결의를 하고 피해자의 이메일 계정에 들어가 6회의 이메일을 열람하도록 하였다.

— 판결요지 —

구통신비밀보호법상 "감청"이라 함은 전기통신에 대하여 당사자의 동의 없이 전자장치 · 기계장치 등을 사용하여 통신의 음향 · 문언 · 부호 · 영상을 청취 · 공독하여 그 내용을 지득 또는 채록하거나 전기통신의 송 · 수신을 방해하는 것을 말하고, "전기통신"이라 함은 유선 · 무선 · 광선 및 기타의 전자적 방식에 의하여 모든 종류의 음향 · 문언 · 부호 또는 영상을 송신하거나 수신하는 것을 말한다.

위 규정에서는 '송신하거나 수신하는 것'이라고 규정할 뿐 '송신 중 또는 수신 중'으로 한정하여 송수신의 현재성을 요구하고 있지 않으므로, 송수신 중에 있는 것뿐만 아니라 이미 송수신되어 저장되어 있는 자료, 장차 송수신하기 위하여 저장되어 있는 자료이더라도 그 통신의 비밀을 보호할 필요가 있는 것이라면 전기통신에 포함된다고 할 것이고 당사자의 동의 없이 그 내용을 지득하는 것은 감청에 해당한다고 판단하였다.

통신비밀보호법은 이 사건 후 개정되어 "전기통신"이라 함은 전화 · 전자우편 · 회원제정보서비스 · 모사전송 · 무선호출 등과 같이 유선 · 무선 · 광선 및 기타의 전자적 방식에 의하여 모든 종류의 음향 · 문언 · 부호 또는 영상을 송신하거나 수신하는 것이라고 규정함으로써 전자우편이 그 대상임을 명확히 하고, "전자우편"이라 함은 컴퓨터 통신망을 통해서 메시지를 전송하는 것 또는 전송된 메시지를 말한다고 규정함으로써 '전송된' 메시지도 전자우편에 해당하여 감청의 대상이 됨을 명확히 하였다. 이것은 개정전 법보다 감청의 대상을 확대한 것이라기보다 개정전 법의 추상적 내용을 명확히 한 것으로서 개정전법에서도 전송된 메시지가 감청의 대상이 된다고 하였다. 이메일은 일반 우편물이나 전화와는 달리 송수신이 완료되거나 수신인이 메일을 열어보아 그 내용을 알게 된 후에도 송신인과 수신인이 각자의 컴퓨터 및 메일서버에 그 메일을 계속 보관하고 있는 경우가 많은 특성이 있으므로, 이메일에 대한 감청의 범위는 일반 우편물에 대한 검열 및 전화에 대한 감청의 범위와 비교하여 논할 수 없다. 송수신인이 송수신이 완료된 메일의 내용을 별도의 파일 형식에 담아 공개하지 않는 이상 그 메일은 전자우편의 외형을 계속 유지하고 있고 그 메일 내용에 대한 통신의 비밀은 여전히 보호될 가치가 있다고 보아야 한다고 판시했다. 송신인의 컴퓨터나 메일서버에 대하여 강제수사를 하는 경우에는 송신인이 여러 사람에게 보낸 수많은 메일에 대하여 수신인에게 도착되었는지 또는 수신인이 그메일을 열어보았는지를 개별적으로 쉽게 확인할 수 없는데 이러한 경우 메일 도착 여부 또는 수신인의 개봉 여부에 따라 일부는 감청의 대상으로 보아 통신제한조치를 취하고 일부는 압수수색의 대상으로 보아 영장을 발부받아야 한다고 해석하는 것은 비현실적이라고 판단했다.

그러므로 이메일이 비록 송수신이 완료된 것이라고 하더라도 여전히 통신비밀보호의 대상으로 남아 있고 감청의 대상이 된다고 할 것이므로 통신비밀보호법 위반으로 유죄를 선고하였다.[67]

이 사건 이메일 열람은 회사의 신용과 명예를 훼손하는 행위를 밝혀내기 위하여 이루어진 것이므로 정당방위에 해당하거나 사회상규에 위배되지 않는 정당행위에 속한다는 주장에 대하여, 통신비밀보호법에서 통신비밀의 보호를 위하여 당사자의 동의 또는 통신제한조치 없이 하는 감청을 처벌하도록 규정한 것은 감청의 목적이 어떤 것이든지 통신비밀은 보호되어야 하는 점을 기초로 하는 것이므로 위법성조각을 부정하였다.

---

67 2002. 9. 10 서울지방법원 선고, 2002 고단 3514.

피해자의 동의 여부에 대하여 이메일 열람이 통신비밀의 침해에 해당하지 않는다고 볼 수 있으려면 당사자가 명시적으로 동의하였거나 동의하였다고 강하게 차단할 수 있는 경우이어야 할 것이다. 비밀번호를 알려주면서도 컴퓨터에 있는 사생활에 관련된 파일이나 이메일을 열람하지 말 것을 요구한 사실을 인정할 수 있다면 자신의 이메일에 대한 통신비밀의 보호를 포기한 것이라고 볼 수 없으므로 동의가 아니라고 판시하였다.

3. 휴대전화 통화기록 조회

최근 국가정보원이 '국가안보'를 이유로 외교통상부 출입기자의 휴대전화 통화기록까지 조회한 것으로 드러나 수사기관의 통신기록 조회가 남발되고 있다는 목소리가 높아지고 있다. 휴대전화, 인터넷 등 세계 최고 수준의 통신 인프라가 역으로 국민 감시의 수단으로 활용되고 있다는 지적이다. 실제로 정보통신부가 2003년 상반기(1~6월) 수사기관의 개인 통신기록 조회 건수를 집계한 결과 7만 7,118건으로 나타났다. 디지털 통신의 발달로 유무선, 데이터 통신 등 모든 통신기록이 컴퓨터 데이터로 남기 때문에 개인이 국가로부터 자신을 보호하기 위해 할 수 있는 방법은 사실상 없다. 그러므로 프라이버시 침해를 막기 위한 통신기록 조회에 대한 견제 장치 마련이 시급하다.

디지털 흔적은 지워지지 않는다. 최근에는 위성위치확인시스템(GPS) 수신칩을 내장한 단말기가 나와 휴대전화 가입자의 위치를 5미터 이내 단위까지 추적하는 일도 가능해졌다. 특히 위치추적의 경우 보안관리가 허술해 국가기관이 아니라도 누구나 할 수 있는 것으로 나타나 충격을 주고 있다.

최근 SK텔레콤 직원이 낀 일당이 외부 의뢰인에게 돈을 받고 가입자의 위치를 알려준 것이 적발된 사건이 대표적 사례이다. 이들은 가입자 몰래

'휴대전화 위치추적' 서비스에 가입해 가입자의 위치를 타인에게 노출한 것으로 드러났다. 이 과정에서 가입자 단말기의 고유번호(ESN)를 입수해 만든 복제단말기가 활용된 점도 경악스러운 대목이다.

현행 통신비밀보호법 제13조는 '검사 및 사법경찰관이 통신사실확인자료를 요청하는 경우 관할지방검찰청 검사장의 승인을 얻어야 한다'고 돼 있다. 또 '정보수사기관의 장은 국가안전보장과 관련한 위해를 방지하기 위해 통신기록 조회를 요청 할 수 있다'고 예외조항을 두고 있다. 그러나 '국가안위와 관련된 사안'인지 여부를 판단할 수 있는 근거가 없어 기관장 도장만 받으면 손쉽게 통신기록을 볼 수 있게 돼 있다. 기자 통화기록 조회 사건의 경우도 안보와 관련된 부분은 찾아보기 힘들다.

IT의 발달로 개인정보는 도처에 기록이 남고 있지만 허술한 조회절차로 인해 국민은 '상시 감청상태'를 벗어날 수 없게 되었다. 수사기관이 아닌 단체나 기업에 의한 개인정보 유출도 위험 수위다. 국가가 아무렇지도 않게 개인의 통신비밀을 침해하는 풍토이다 보니 사회 전체적으로 통신비밀이 마구 다뤄지고 있는 실정이다. 정보통신서비스사업자의 신상정보 무단사용으로 금전적인 피해까지 본 사례가 다수 발견되고 있다. 자신의 통장에서 쓰지도 않은 '초고속인터넷' 사용료가 몇 개월씩 빠져나간 사실을 뒤늦게 발견하는 경우이다. 사실 확인 결과 전혀 모르는 제3자가 그의 이름으로 초고속인터넷을 사용해 온 것으로 밝혀졌다.

더욱 큰 문제는 정보통신서비스사업자의 관행상 이와 유사한 피해자가 적지 않을 것이라는 점이다. 초고속인터넷 가입자 모집업체들은 주요 정보통신서비스사업자의 가입자 정보를 갖고 있기 때문에 마음만 먹으면 특정업체 가입자에게 다른 업체의 요금까지 청구하는 일도 가능하다는 것이다. 이처럼 서비스나 판매업체의 고객정보 남용 사례는 갈수록 늘고 있지만 관련법에는 규제조항이 없어 대형 사고의 가능성도 높아지고 있다. 그러므로 국가기관이나 민간기업이 인터넷 등 다양한 경로로 수집한 정보를 자의적으로 남용하는 것을 막기 위한 명확한 기준 마련이 시급하다.

4.3 신체프라이버시

신체프라이버시(Biometric privacy)는 IT의 발전으로 가능해진 유전자 또는 DNA 테스트, Drug 테스트, 지문 인식, 홍채 인식 등을 통하여 인체상의 중요한 정보를 수집하는 것이다. 제2차 세계대전을 겪으며 인류는 인간 그 자체는 지구상의 그 무엇과도 바꿀 수 없는 고귀한 존재라는 것을 깨달았지만 얼마 안 있어 도래한 IT 사회는 신체의 본질에 기초한 개인의 유전적인 특성과 비밀을 종래의 공권력만이 아니라 민간 부문에 의해서도 더욱 더 요청받고 있다. 또한 과거에는 불가능하거나 현실적으로 어려웠던 것이었지만 이제는 IT의 발전으로 저렴한 비용으로 용이하게 신체상의 정보를 수집할 수 있게 되었다. 이제 인체로 대표되는 인간의 프라이버시가 여러 가지 이유로 침해되기에 이르렀다.

그럼으로써 IT 사회의 도래는 결국 인간의 신체를 존엄한 대상에서 IT의 실험 대상으로 전락시켜 버리고 있다. 인간의 존엄과 가치의 대상으로서 인간의 신체는 DNA 테스트나 유전자 데이터베이스가 일반화되면서 기업이 적임자를 선발하기 위해서 널리 사용하는 공통수단이 되고 있다. 유전자 테스트가 비록 직업병의 예방을 위해서 합법적일지라도, 기업이 현재 또는 장래의 종업원을 차별하기 위해서 이러한 유전자 테스트를 이용하는 것은 심각한 위험을 야기할 수 있다. 법적 개입이 없이 기업이 종업원의 질병이나 직무태만 등의 경향이 있는지 여부를 식별하는 정보가 종업원을 차별하는데 이용될 수 있기 때문이다. 유전자 테스트는 개인의 인격을 구성하는 핵심요소에 관련되는 프라이버시의 외적 침해이다.

이러한 유전자 테스트의 위험성을 인식하여 다수의 국제적인 단체들이 직장에서의 유전자 테스트의 시행을 법으로 제한할 것을 권장하고 있다. 1989년 유럽의회는 종업원의 동의를 받지 아니하고 선발이나 시험할 목적의 유전자 테스트를 금지하는 법제정을 권장하는 결의를 하였다. 2000년 5월에 세계의학협회는 건강정보의 데이터베이스의 개발에 관한 가이드라인을 채택하여 프라이버시, 동의, 개인의 이용접근 및 책임의 이슈를 발표하였다. 아직 세계적으로 유전자 테스트에 관한 근거법률을 제정한 국가는 거의 없다. 대부분 이러한 유전자 테스트의 경우에는 기존의 노동법령에 의해서 간접적으로 금지되어 있다.

한편 대다수 국가에서 유전자 테스트보다는 약물 테스트가 보편적으로 행해지고 있다. 서구의 대다수 근로자에게 약물 테스트는 정형화된 직장생활의 일부가 되고 있다. 오늘날 직장에서 소변이나 머리카락의 검사를 통해서 종업원이 마약이나 중독성 항정신성 약품의 흡입을 추적할 수 있다. 이러한 예방적인 약물 테스트의 시행에 따른 문제는 프라이버시, 신체상의 안전성, 자유 및 무죄추정의 전반적인 문제를 야기하고 있다. 약물 테스트로 인한 기업의 이익이 근로자의 인간의 존엄과 프라이버시보다 우월하다고 할 수 없다.

4.4 공간프라이버시

1. 의의

공간프라이버시(Territorial or Spatial privacy)는 일정한 공간에 외부 침입을 방지하거나 감시하기 위하여 IT에 의하여 가능해진 자기 장치나

CCTV, ID 카드 등을 통하여 개인의 프라이버시를 침해하는 것을 말한다. 최근 서울시 강남구의 뒷골목에 대한 CCTV 설치 논의는 이 문제가 얼마나 중요한 문제인지를 단적으로 말해주고 있다. 또한 백화점이나 중요 시설물에 설치되어 있는 CCTV나 감시카메라의 형태가 일반적인 형태로 인식되고 있다. 이 공간프라이버시는 사적 영역과 공적 영역 및 사적 · 공적 영역의 혼란에 대하여 논의하는 사회학자들에 의하여 많이 인용되고 있다.[68] 또한 이 공간프라이버시는 미국 수정헌법 제4조의 압수와 수색의 장소 개념으로부터 출발하고 있다.[69]

인류가 신용카드, 전화, 이메일 등을 사용하기 시작한 이후로 사이버스페이스에서 개인정보가 수집, 저장, 이용되는 정도가 폭발적인 증가세를 보이고 있다. 개인 입장에서는 사소한 개인정보라도 IT 시스템은 끊임없이 개인정보를 수집하고 업데이트되고 있다. 현재 수많은 개인정보들이 자신도 모르는 사이에 사이버스페이스에서 떠다니고 있다. 그러므로 IT의 급속한 발전은 공간프라이버시를 가능하게 하고 있으며 한편으로는 감시를 유혹하고 있다.

2. 감시 기술의 발달

IT 사회의 도래 이전에도 개인에 대한 감시와 정보취합은 어느 정도 가능했다. 국가는 물론 기업도 개인에 대한 감시와 정보를 수집하였다. 그러나 IT 사회에서의 감시는 사실 과거의 감시와는 실질적으로 다르다.[70] 과거

---

68 See, e.g, Irwin Altman, The Environment and Social Behavior: Privacy, Personal Space, Territory, Crowding, 146-51(1975).

69 California v. Ciraolo, 476 U. S. 207, 212-13(1986).

70 로렌스 레식/김정오 역, 코드: 사이버스페이스의 법이론 341.

의 생활도 감시를 받았으며 다른 사람들로부터 자신을 숨기기 어려웠다는 점은 의심의 여지가 없지만 감시의 방법이 달랐다. IT 사회 이전의 감시는 불완전한 기억력에 의존했으며 단지 눈에 띄는 행동만을 기억하는 사람들에 의해서 행해졌다. 게다가 이 기억들은 조사되고, 수집되고, 기록으로 만들어질 수는 없었다. 개인의 눈에 비친 것은 그것을 알려는 이웃들과 이야기될 수 있었다. 그러나 수사관이라면 누구든 알고 있는 것처럼 사람들이 본 것은 실제 발생한 것의 대단히 불완전한 기록이다. 떠들기 좋아하는 이웃들이 볼 수도 있었지만, 그들의 목격은 비디오테이프나 당신의 출입을 기록하는 전자기록장치, 당신의 구매에 대한 끊임없는 신용카드시스템의 정보수집 혹은 당신이 누구와 얼마동안 통화했는지를 기록하는 전화시스템 등과 같이 지속적이고 신뢰할 수 있는 자료를 만들어내지는 못한다.

오늘날의 감시는 다르다. 왜냐하면 감시 기술의 효율성과 능력이 다르기 때문이다. 과거의 기술이 인간적인 것이었다면 현재의 기술은 기계적인 것이다. 과거의 기술이 단지 다른 것만 인식할 수 있었다면 현재의 기술은 중요성의 정도를 떠나 한번 행하여진 그 모든 것을 어떠한 것이라도 인식한다. 조사할 수 있는 기록을 충분히 수집하기 어려웠다는 점이 과거의 기술의 단점이라면 감시기록들이 모두 검토대상이 된다는 점이 현재의 기술의 단점이다. IT의 발전 속도가 빨라질수록 이러한 차이점은 더욱 배가된다. 그것들이 합쳐지면 잠재적으로 훨씬 더 중대하고 광범위한 감시를 구성하게 될 것이다.

이렇게 불어난 감시에 의해 제기되는 위협은 정확히 무엇인가? 나에 관한 세상의 모든 정보가 수집된다면 그것이 왜 문제되는가? 내가 전혀 나쁜 짓을 하지 않았다고 가정할 때 그것이 나에게 끼칠 수 있는 해악은 무엇인가? 완전한 감시가 가능한 세상은 어떤 결과를 야기할 것인가? 완전히 합법적인 수집만을 고려할 때 일상의 생활에서 한 개인에 대해 수집되는 개인의 정보, 어떤 의미에서는 개인이 스스로 세상에 표출하는 정보를 수집하는 것이 무엇이 문제인가? 이하에서는 IT의 발전에 가능해진 대표적 사례인 공공장소에서의 CCTV의 촬영이 가지는 의미와 문제점을 살펴본다.

3. CCTV 촬영

1) 문제제기

최근 각종 납치사건이 잇따르고 있는 서울 강남구 일대에 강남경찰서와 강남구청은 이미 1300여대의 CCTV를 설치하고 통합 운용하고 있다.[71] 하지만 인권침해 논란도 일고 있다. 특히 경찰과 자치단체는 범인들이 CCTV를 고장 내고 범행을 저지르는 것을 막기 위해 폐쇄회로 설치지역에 'CCTV 촬영지역'이라는 표지판을 달지 않을 방침이어서 '몰래카메라' 논란도 일고 있다. 강남구 관계자는 주민의 약 90% 가 CCTV 확대설치에 찬성했으며 설치 전에 해당지역 주민들의 의견을 또 한번 물어 80% 이상 동의가 나오는 곳에만 설치해 인권침해 소지를 없애겠다고 밝혔다.

《뉴욕 타임스》에 실린 "빅 브라더(Big Brother)를 잊어라"라는 기고문에서 피터 르위스(Peter Lewis)는 CCTV에 대해서 다음과 같이 지적하고 있다.

감시카메라가 시내 중심부에 있는 맨해튼 호텔 로비에서 매력적이고 젊은 금발의 여성을 뒤쫓는다. 23층으로 올라가기 위해 엘리베이터를 타는 그녀를 흐리멍텅한 눈으로 계속 감시한다. 그녀가 복도를 따라 걸어와 내 방문을 두드릴 때 조심스럽게 관찰한다. 나는 그 비디오테이프를 보지 못했지만 그래도 우리가 만난 정확한

71 한국경제신문, 2012. 4.14.자

시간이 화면에 표시되는 디지털 기록을 상상할 수 있다. 누군가가 나중에 최근의 출장기간 동안 아내가 아닌 이 여성이 왜 내 호텔방으로 찾아왔는지 캐내는 데 그 기록이 이용될 수 있을 것이다. 카메라는 후에 우리가 함께 식사를 하러가고, 극장으로 향하는 것을 보았다. 텍사스에서 온 중년의 유부남이 그의 딸 정도로밖에 안 보이는 젊고 예쁜 동부 여성과 팔짱을 끼고 가는 것을 보았다.[72]

르위스는 "그녀는 실제로 내 딸"이라고 밝히고 있다. 하지만 이것은 CCTV를 비롯한 현대적 감시장치가 개인의 프라이버시를 얼마나 침해하는지 알려 주고 있다. 또한 이 사례의 교훈은 이러한 감시된 사실관계의 부담을 말해 준다. 첫째, 부담은 감시당하는 당신에게 주어진다. 당신이 당신의 결백을 입증해야 한다. 둘째 이런 모호한 사실을 보았을 만한 모든 이들에게 당신이 결백하다는 점을 확신시켜야 한다. 그러나 이 두 과정은 불완전할 수밖에 없다. 당신이 원하지 않는다 해도 의심은 남게 된다. 당신의 결백을 믿지 않는 사람들은 항상 있게 마련이다. 현대의 CCTV는 이 문제를 더욱 악화시킬 뿐이다. 당신의 생활은 끊임없이 기록되고 있다. 당신의 행위들은 영원히 저장되며, 언제든지 노출될 수 있도록 개방되어 있으며, 따라서 항상 정당화를 요구한다.

최근 스티븐 스필버그 감독이 톰 크루즈 주연으로 만든 SF영화 '마이너리티 리포트(Minority Report)'가 화제를 모았다. 2054년을 무대로 한 이 영화에는 최첨단 범죄 예방 시스템에 의해 '미래의 살인자'로 지목된 주인공이 경찰의 감시망을 피해 쫓기는 장면이 나온다. 주인공은 필사적으로 감시망을 뚫어보려 하지만 거리의 신호등, 상점, 지하철등 곳곳에 설치된 감시 카

---

72 로렌스 레식/김정오 역, 앞의 책, 346면.

메라는 눈의 홍채를 인식해 그의 일거수일투족을 포착하여 경찰에 실시간으로 통보한다. 비록 70년이라는 시차는 있지만 조지 오웰(George Orwell)이 소설 '1984년(1949년 발표)'에서 예견한 감시사회, 즉 '빅 브라더 체제'가 영화의 배경이 된 셈이다. 이대로 가면 50년 후의 우리의 모습이 아닌가 싶어 오싹한 기분을 감출 수 없다.[73]

최근의 급격한 범죄증가는 기존의 범죄학적 원인분석에도 불구하고 원인규명을 명백히 하기가 어렵고 이에 대한 대책 또한 과거와 판이하게 달라지고 있다. 이에 선진 각국에서는 범죄의 억제와 통제에 총력을 기울이고 있는 실정이며 그 방안으로 대두되고 있는 것이 '환경설계에 의한 범죄예방', '상황적 범죄예방' 등의 실용범죄학적 기법이다. CCTV는 이러한 각종 최신 범죄예방 및 통제기법의 공통된 수단이며 가장 효과적인 도구 중 하나로 각광받고 있다. 하지만 본인의 동의 없이 무차별적으로 사람의 모습을 촬영, 저장한다는 측면에서 프라이버시 침해라는 비판의 대상이 되고 있다.[74]

2) CCTV 설치의 필요성

공공장소에 CCTV를 설치하는 목적은 크게 범죄의 예방 및 억제, 범죄용의자의 파악, 대중의 심리적 평온 등 3가지로 나누어 볼 수 있다. 먼저, CCTV가 범죄에 미치는 영향에 대한 연구들에서 CCTV가 매우 유용하다는 결과도 다수 있다. 그 중 챠터톤(Chatterton)이 영국 머시사이드에서 실시한 연구가 대표적인 사례로 알려져 있는데, 1991년 6월 1일부터 1992

---

73 성선제, 완벽한 감시사회로 가고 있는가, 전자정부 포럼 제2회 토론문(서울대학교 행정대학원 한국정책지식센타) (2003).

74 표창원, 범죄취약 공공장소 설치 CCTV의 필요성과 인권적 함의, 전자정부 포럼제2회 발제문(서울대학교 행정대학원 한국정책지식센타) (2003).

년 5월 31일까지의 기간 중 CCTV를 설치하고 CCTV 설치 이전과 비교해 본 결과 CCTV 설치이후에 주거침입절도가 급격히 감소하는 결과를 나타냈고 검거율도 32%나 증가하는 결과를 나타냈다.[75] 녹화된 CCTV의 테잎은 또한 증거로서의 역할을 하며 경찰로 하여금 범인을 색출하고 유죄판결을 이끌어 내는데 큰 도움을 줄 수 있는데 1997년 9월 5일 영국 중부의 소도시 웨이크필드(Wakefield)에서 발생한 10대 소녀 살인사건은 CCTV에 기록된 영상이미지가 자칫하면 미궁에 빠질 수도 있었던 사건을 해결하는데 결정적인 증거로 사용된 대표적 사례라고 할 수 있다. 총 8억원을 들여 36개의 최첨단 디지털 CCTV 카메라를 설치, 도심 전체를 감시하고 있는 웨이크필드시는 통제센터로 전송되어 온 모든 이미지와 사진을 저장한 후 자동적으로 웨이크필드 경찰서 상황실로 재전송하도록 해 놓고 있는데 피해자와 함께 걷고 있는 모습이 담겨있는 CCTV 녹화장면을 본 배심원들은 다른 물적 증거가 전혀 없음에도 불구하고, 사건 당일 피해자를 만난 적이 없다고 주장했던 피의자에 대해서 유죄를 선고했던 것이다. 2001년 4월 런던의 밤거리에서 발생한 강도살인 사건 역시 당시 현장에 설치되어있던 CCTV 카메라에 찍힌 범인들의 모습이 뉴스 등 미디어에 방영된 후 이들을 알아본 시청자의 제보로 해결되었다.

우리나라에서는 2002년 10월부터 서울 강남구 논현동 일대에 시범적으로 5대의 CCTV를 설치한 결과 약 43%의 범죄감소 효과를 거두었다고 경찰이 발표하였으며,[76] 대한변호사협회는 최근 국가인권위원회에 제출한 의

75 Chatterton, M., in sheltered accommodation for elderly, in Focus on Police Research & Development, Home Office Department Issue no.2, Aug. 1993, p.25; 표창원, 앞의 발제문에서 재인용.

76 국민일보, 2003.7.3.

견회신을 통해 24시간 CCTV로 거리를 촬영할 경우 개인들에 대한 무차별한 정보가 수집된다며 개인에 관한 정보를 해당개인의 승낙이나 동의 없이 수집 · 저장하는 것은 그 자체로 프라이버시의 침해에 해당한다고 밝혔다.[77]

변협은 개인정보의 비밀수집은 자신의 개인정보 처리를 자신만이 결정할 수 있는 자기결정권을 침해하는 것이며 따라서 개인정보는 해당 개인에 대한 사전고지 및 그로부터의 동의 및 승낙을 전제로 하여 수집되어야 한다고 지적했다. 변협은 또한 공공장소에서의 초상권은 사적 공간에서의 권리만큼 강하게 지켜지지는 못하는 측면이 있지만 보호돼야 할 권리임은 분명하며 CCTV촬영을 하면서 이 사실을 도로의 입구에 사전에 알리더라도 통행자의 동의 및 승낙을 모두 받을 수는 없으므로 초상권 내지 프라이버시권의 침해에 해당한다고 주장했다. 이번 변협의 판단은 최근 서울 강남구와 경찰이 강력범죄 예방을 위해 강남구 거리에 방범용 CCTV를 설치하려는 계획을 놓고 '몰래카메라' 논란이 일고 있는 가운데 내려져 시사점이 크다.

현재 위에서 언급한 것과 같이 공공장소 CCTV 설치의 프라이버시 침해 여부에 대한 논란이 가중되고 있는 형편이다. 다만 우리나라는 아직까지 영국이나 유럽 수준의 정보보호법이나 범죄예방 입법이 되어 있지 않은 상황에서 프라이버시나 초상권 못지않게 중요한 범죄피해로부터 '인간의 존엄성'을 지킬 권리에 대한 보장이나 보호에 대한 논의는 상대적으로 미흡한 감이 있어 양 권리간의 균형이 요구되는 기준을 설립하는 것이 시급하다. 이하에서는 우리와 비슷한 논란을 거친 영국의 예를 살펴본다.

영국에서 추진한 CCTV 운용계획 중 14개가 반대에 부딪혔었는데 가

77 세계일보, 2003.6.30.

장 큰 이유는 CCTV가 시민의 권리를 침해할 소지가 있다는 것이었다. 특히 영국에서 이러한 우려가 가장 두드러지게 나타나고 있는 이유는 덴마크 등 다른 EU국가들에서는 CCTV 카메라의 공공장소 설치가 엄격하게 제한되는 데 반해 영국에서는 1998년 개정된 정보보호법(Data Protection Act)의 발효로 정보인권차원에서 CCTV를 규제하기 시작한 2000년 3월 이전까지는 전혀 규제되지 않았을 뿐만 아니라 내무부 주도로 정부에서 3천5백만 파운드(약 700억원)의 공공자금을 들여 전국 방방곡곡에 최첨단 CCTV 네트워크를 구축해 왔기 때문이다.

영국의회는 1984년 정보보호법(Data Protection Act)을 제정하였으나 CCTV 체제의 운용과 관련해서는 비디오 기록물이 정보(Data)에 속하지 않으므로 정보보호법(Data Protection Act)의 법규정이 적용되지 않는다고 받아들여졌다. 1990년대 초에 들어서는 시민자유전국평의회(National Council for Civil Liberty)에서 정보보호법이 정보의 형식과 관련 없이 모든 개인정보에 적용되어야 한다고 주장하였다.

1995년 정보보호에 관한 유럽평의회결정문(EC Directive 95 on Data Protection)에 의해 1998년 개정된 정보보호법은 CCTV 시스템 운용의 일정부분이 개인정보에 해당하는 영상(image)을 처리하기 때문에 '공중이 자유롭고 제한 없는 접근을 할 수 있는 지역에서 행해지는 감시'에 해당하는 CCTV를 정보보호의 대상으로 포함하였다. 동법은 경찰이나 지방정부 등 적법한 기관에 의해 공공장소에 설치된 CCTV는 다음의 3가지 요건을 갖추면 적법한 것으로 규정하고 있다:

① 정당한 근거: 동법 29조 및 부칙2조 5항은 '범죄의 예방 및 검거'와 '공중의 안전' 등 '공공의 이익'에 부합하는 경우 이 기준을 충족한다고 규정하고 있다.

② 정보보호관(Information Commissioner)에게 통지: 정보보호법 1984 규정을 준용, 모든 자동화된 디지털 녹화장치의 공공장소 설치 이용은 정보보호관에게 통지하여 등록되도록 하여야 한다. 단, 수동으로 조작하여 특정녹화 지점을 찾는 방식의 녹화장치는 통지 대상에서 제외한다.

③ CCTV 설치 사실의 표시: 공공장소 설치 CCTV는 반드시 해당지역에 진입하기 전, 혹은 진입하면서 그 사실을 알 수 있도록 표시하여야 한다. 그 표시는 분명하고 명확히 읽을 수 있도록 설치되어야 하는데, 그 표시에는 다음의 3가지 사항이 적시되어야 한다.

(1) 설치 및 관리 책임자(정보통제자)
(2) 설치목적
(3) 연락을 취할 담당자의 자세한 연락처

※ CCTV 설치표시 예: "범죄예방과 공중의 안전을 위해 당신의 모습이 촬영되고 있습니다. 본 감시시스템은 ㅇㅇ시 안전위원회가 관리하고 있습니다. 더 자세한 정보는 0207 1234567로 전화주세요"

이러한 영국의 상황은 기술의 발달로 새로이 등장한 CCTV를 둘러싼 사회적 논의의 결과 범죄피해로부터 자유로운 상태에서 행복을 추구할 수 있는 '인간의 존엄성'과 간섭받지 않을 권리인 '프라이버시' 및 '초상권' 사이의 균형이 나름대로 이루어진 것이라고 볼 수 있다.

3) 해결방안

CCTV는 이제 생활의 일부분이 됐다. 아침에 문밖을 나서면 아파트 엘리베이터에서부터 시내버스안과 도로, 사무실 심지어 목욕탕 탈의실에까지 보안이라는 명목으로 CCTV가 설치돼 있다. 경찰은 우범지대나 시위 장소에 카메라를 설치해 놓고 있으며, 자치단체에서는 쓰레기 투기나 교통위반을 적발하기 위해 몰래 카메라를 운영하고 있다. 개인정보는 아예 인터넷에서 상품으로 거래되고 있는 실정이다.

CCTV 감시는 생활의 편리와 자율성 억압의 양면성을 갖고 있다. 감시의 테크놀로지는 안전이라는 측면에서는 생활에 편리성을 높여준다. CCTV의 경우는 사회적 안전과 질서를 유지하기 위해 여러 곳에 설치되어 있다. 아침에 교통체증이 심할 경우 곳곳에 설치되어 있는 CCTV를 통해 중앙의 상황실로 모이는 교통정보들을 정리하여 시민들에게 제공해 주는 순간 운전자는 체증이 이루어지고 있는 곳을 피할 수 있어 편리함을 추구할 수 있다.

그러나 다른 한편 공공장소 도처에 CCTV를 설치하게 되면 시민 개개인은 "빅 브라더가 너를 보고 있다"는 상징적 문구를 떠올리며 타율적으로 자기통제적 행위를 하게 된다. 자율을 억압하는 자기통제적 행위는 곧 헌법의 이념인 인간의 존엄을 파괴할 수 있다.

CCTV가 범죄의 예방과 진압 및 시민의 안전감 향상에 상당한 역할을 하고 있기 때문에 CCTV의 남용으로 인한 프라이버시 침해 방지 대책을 마련하여 그 부작용을 최소화하되 공익목적의 CCTV 사용은 확대되어야 한다는 주장과 프라이버시 보호 측면에서 CCTV의 활용에 반대하는 주장이 팽팽히 맞서고 있는 형편이다.

유럽의회를 비롯한 국제기구들 역시 IT 혁명이 만들어 낸 새로운 기술적 혁신의 장점인 CCTV를 통한 정보의 간편한 수집, 분석, 인식 및 저장이라는 이점을 최대한 살리되 남용과 오용을 방지하기 위한 분명한 원칙과 가이드라인 및 지침을 마련하여 제대로 된 정보보호법 체계와 함께 안전장치 역할을 하도록 하여야 한다고 촉구하고 있는데, 유럽의회가 제시하였고 영국이 받아들인 다음과 같은 CCTV 감시체계 운영 가이드라인은 우리의 경우에도 매우 유용할 것으로 판단된다.

① 감시체계 설치 및 운영의 목적을 분명히 밝히는 표시

② 정보보호관련 법규에 부응

③ 감시체계 소유자 및 현장 관리자의 책임 명시

④ 감시체계가 효과적으로 설치되고 운영되기 위한 방법의 명시

⑤ 분명한 책임 소재

⑥ 감시체계에 대한 기본 정보와 주택가 설치지침에 대한 공개

⑦ 감시체계와 그 운영지침에 대한 공식적 평가, 감독 및 감사

⑧ 민원이나 가이드라인 위반사항에 대한 처리절차

⑨ 감시체계에 대한 경찰의 관여나 이용에 대한 구체적 설명

⑩ 기술적 변화 제안에 대한 민주적 처리절차.

우리 사회에서는 전반적으로 공공장소에 설치된 CCTV의 관리가 부실하며 프라이버시 침해 및 악용 우려 등 부작용에 대한 경계가 외국에 비해 심각한 정도이며, '범죄예방'이라는 설치목적에 대한 신뢰와 그 효과에 대한 기대가 그다지 크지 않다고 할 수 있다. 그러므로 아무리 범죄예방을 위한 것이라도 국민이 신뢰할 만한 사전조치 없이 CCTV의 설치가 확대될 경우 그에 대한 경계와 반발은 더욱 강해질 것이다.

국민의 안전을 보호하는 숭고한 목적을 가지고 있는 정책이라 하더라

도 반드시 지켜야 할 것이 있다. 국민의 기본적 인권을 제한하기 위해서는 비례의 원칙을 지켜야 한다. 다름 아닌 수단 내지 방법의 적정성이다. 범죄의 감소 내지는 예방 또는 쓰레기 무단 투기 감시라는 목적을 위하여 어떠한 수단이나 방법이 허용되는 것은 아니다. 목적에 동원되는 수단도 정당한 것이어야 하며 등가성을 가지고 있어야 한다. 또한 주민의 대다수가 찬성한다고 해서 수단의 적정성에 면죄부를 주는 것은 아니다. 국민의 기본적 인권을 다루는 곳에서는 여론조사가 만병통치약이 될 수 없다. 인간의 존엄이 잠재적 범죄자를 예방하기 위한 수단으로 전락되어서는 안 된다.

아무리 범죄 예방용이라도 CCTV 촬영은 헌법에 보장된 인격권과 프라이버시 보호 정신에 위배되므로 CCTV로 범죄를 예방한다는 생각은 국민을 잠재적 범죄자로 보는 것으로 근본적인 범죄예방 대책이 될 수 없다. 그러므로 CCTV를 설치할 때는 설치목적을 밝히는 안내문을 명시적으로 부착하도록 의무화하며 프라이버시 침해 우려가 있을 경우에는 설치 자체를 불허하여야 할 것이다. 촬영사실을 알리지 않는 방식은 손해배상을 청구할 수 있는 불법행위에 해당한다.

CCTV의 설치가 주민의 동의하에 그리고 명시적으로 설치되는 경우에도 관리운영방식 등의 문제로 CCTV의 효과에 대해 우려의 목소리가 높은 만큼, 범죄취약지등 특정지역 CCTV 설치의무화 등 CCTV설치 확대를 통한 범죄감소 목적을 달성하기 위해서도 CCTV의 성능 및 제원, 설치 및 운영 주체와 자격 및 방법, 기록물의 보관과 활용 및 이에 대한 감독 등에 대해 국제적 수준에 부합하는 엄격한 가이드 라인이 설정되어야 할 것이다. 국민들에게 CCTV가 제한된 원래 목적의 한계 내에서 책임 있는 당국의 엄격한 관리 하에 부실이나 악용의 우려 없이 운영된다는 확신을 심어주어야 할 것이다.

CHAPTER 05

외국의 프라이버시 보호 제도

사이버스페이스에서 프라이버시 보호대책은 IT의 발전에 상응하여 프라이버시 침해가 급속하게 대두하면서 국가 및 국가간의 시급하고고 중요한 과제가 되었다. 특히 프라이버시 침해를 촉진하는 몇 가지 경향이 있는데, 이것은 IT의 확산 및 이전에 따른 정보공유 체제가 등장하면서 데이터 이동에 따른 지리적 장애를 제거한 세계화와 국가간의 기술적인 장애를 제거하면서 체제 수렴의 현상 그리고 다양한 데이터를 수집한 것을 다른 형태로 전환하여 이용할 수 있는 멀티미디어의 통합에 따른 결과라고 지적할 수 있다.

우리나라는 우여곡절 끝에 2011년 개인정보 보호법이 제정되었다. 세계적으로 볼 때 민간 부문은 공공 부문에 비해서 다소 늦게 입법화되고 있는 실정이다. 하지만 민간 부문에서의 프라이버시 보호는 인터넷 이용의 보편화와 전자상거래의 활성화를 위해서 선결조건이다. 민간 부문의 개인정보 보호 법제는 종래의 법체제하에서 헌법과 민법 및 형법 등에 의해서 사후구제를 위한 명예훼손과 불법행위책임을 통해서 제한적으로 보호되었기 때문에 일반적인 규제를 위해서는 별도의 입법이 필요하다.

적어도 그 원인은 프라이버시 보호법익이 국가에 대한 개인의 주관적인 공권에 한정되지 않고 사인간의 침해로 인해서 프라이버시의 직접 효력을 인정하지 않을 수 없기 때문이다. 따라서 민간 부문의 프라이버시 보호법제는 공공 부문과 별도로 제정되었다가 점차 양자가 통합되고 있다. 최근 각국의 프라이버시 보호법제의 특색은 공공 부문과 민간 부문의 개인정보보호를 위한 법집행기관이 통일되거나 또는 프라이버시 침해에 따른 권리구제의 방식도 전통적인 법원 재판에 보충하여 당사자주의에 의한 분쟁조정과 화해방식을 널리 채택하는 추세로 나아가고 있다.

개인의 프라이버시 보호에 관한 국제적인 입법 동향은 개별국가의 관련 입법에 직 · 간접적으로 영향을 미치고 있다. UN은 세계인권선언(1948)에서 프라이버시 보호를 선언하고 있다. 또한 유엔은 1990년 컴퓨터 처리의 개인화일 규율의 가이드라인을 제시하였다. 이하에서는 프라이버시 정책 수립에 선도적 역할을 하고 있는 미국과 유럽연합의 프라이버시 보호방안을 중심으로 살펴본다.

5.1 미국의 프라이버시 보호 제도

1. 개관

미국은 브랜다이스(L. Brandeis)와 워렌(S. Warren)이 Harvard Law Review에 1890년 기고한 논문 "The Right to Privacy"에서 프라이버시 보호를 선구적으로 주장한 이후 Olmstead 판결을[78] 통하여 연방대법원에서

78 Olmstead v. U.S., 277 U.S. 438(1928).

프라이버시 보호를 다루기 시작하였다. 미국은 전통적으로 '프라이버시'라는 용어를 사용하고 있다. 그리고 헌법상 이념적으로 연방정부 및 주정부는 시민의 적이라는 관념이 지배적이었기 때문에 유럽에 비하여 프라이버시가 침해될 소지가 적었다. 그러나 Big Data와 Big Browser 사회의 도래로 인하여 사이버스페이스상의 프라이버시 보호가 사회적 이슈로 부각되고 인터넷과 스마트폰에 의한 정보처리와 개인정보의 보관이 가능하게 되면서 프라이버시를 보호하는 일반법을 제정하지 않고 그 대신 문제가 되는 분야별로 수시로 분야별로 법을 제정 · 시행하고 있다.

전반적으로 미국은 시민들의 프라이버시 보호에 대한 인식이 높을 뿐 아니라, 보통법(common law)상의 원리와 연방과 주차원의 다양한 제정법을 통해 개인정보침해에 따른 피해를 구제받을 수 있는 권리를 보장하고 있다. 반면, 사업자 자율규제와 개인정보의 활용을 중시하는 태도 및 9.11사태로 인해 테러방지와 국가안보를 위해서는 어느 정도의 개인정보나 프라이버시 침해는 피할 수 없다는 사회적 분위기에 따른 정책도 찾아볼 수 있다.

2. 특징

1) 보통법과 제정법의 조화

연방국가이자 보통법 체계를 가진 미국은 보통법상의 원리와 연방과 주차원에서 제정된 법률을 통해 개인정보의 활용을 규율한다. 미국에서는 1890년 최초로 프라이버시권이 주장된 이래, 판례는 프라이버시 침해를 보통법상 불법행위로 인식하여 왔으며 특히 자신에 관한 정보의 이용 · 공개 · 접근에 대하여 스스로 통제하고 결정할 수 있는 '정보프라이버시(Information Privacy)'를 인정하고 보호하고 있다. 또한, 연방과 주차원에서 모두 공공 · 통신 · 의료 · 금융 · 고용 등 영역별 또는 특정사안별로 개인정보보호를 위한 법률을 제정하여 시행하고 있다. 즉, 미국은 모든 영역에 적용되는 개인정보보호원칙 등을 단일법을 통해 규율하는 유럽과 달리, 기본적으로는 민간사업자의 개인정보침해를 보통법상 불법행위로 인식하여 규제하고, 특히 사회적 이슈나 심각한 개인정보침해를 야기할 위험이 있는 특정문제가 대두될 때에는 이에 대응하는 개별법을 제정하여 규율한다.

이러한 법체계는 개인정보보호기본법의 부재로 인하여 실효성 있는 개인정보보호제도를 확보하기 어렵다는 비판도 있으나, 광범위하게 인정되는 보통법상 불법행위를 방지하려는 사업자의 자율적 노력을 활성화할 뿐 아니라, 새롭게 대두되는 개인정보침해문제(RFID, 스파이웨어, 스마트폰 등)에 대해서는 개별법을 통해 보다 세부적인 기준을 제시할 수 있다는 장점도 있다.

2) 자율규제 강조

미국은 원칙적으로 사업자가 고객의 개인정보를 원활히 이용할 수 있도록 보장함과 동시에, 프라이버시 프로그램 운영 등을 통해 자율적으로 개인정보를 보호하도록 장려하는 방식을 채택하고 있다. 즉, 자율규제를(self-regulation) 강조하고 있다. 따라서 사업자의 개인정보 수집 · 이용에 대한 정부의 간섭이나 법률을 통한 규제를 최소화하려는 경향이 있으며, 개인정보의 보호만큼이나 '개인정보의 활용'도 중요하게 다루고 있다. 이러한 사업자 자율규제는 개인정보 활용에 대한 지나친 규제를 완화하여 개인정보의 활용과 보호를 적절히 조화시킬 수 있다는 장점이 있으나, 이윤창출을 목적으로 하는 사업자의 자율규제만을 지나치게 강조하다 보면, 실질적인 개인정보보호를 담보하기 어렵고 사업자에게만 유리한 법해석이 이루어질 우려가 있다는 비판도 있다.

3) 소송을 통한 구제

미국은 개인정보침해 구제의 역할을 담당하는 뚜렷한 정부기구는 없는 상태이나, 본래 소송문화가 발달한 까닭에 대부분 법원을 통해 활발한 개인정보침해 구제가 이루어지고 있다. 이는 미국의 개인정보보호법이 대부분 불법행위(torts)나 권리침해시 '민사상 피해배상 등을 요구할 수 있는 권리'를 규정하고 있을 뿐 아니라, 징벌적 손해배상(punitive damage)제도나 집단소송(class action)제도가 인정되고 있기 때문이다.

4) 전문적 개인정보보호 기구의 부재

미국은 원칙적으로 '자율규제'를 강조하며 소송을 통한 권리구제 인식이 높은 까닭에, 개인정보보호를 위한 규제 · 감독 및 피해구제의 역할을 담당하는 전문적인 개인정보보호기구는 존재하지 않는다. 유럽이 독립적인 개인정보보호기구를 설치하여 개인정보보호를 위한 전문적인 관리 · 감독 · 피해구제의 역할을 하는 것과 대조적이다. 다만, 민간부문에서는 소비자 보호의 역할을 수행하는 연방공정거래위원회(Federal Trade Commission : FTC)와 민간개인정보보호단체(BBBOnLine 등)가, 공공부문에서는 관리예산처(Office of Management and Budget : OMB)가 개인정보보호의 역할을 일부 담당하고 있다.

특히 연방공정거래위원회는 개인정보보호에 있어 다음과 같은 중추적인 역할을 수행하고 있다.

- 사업자 및 소비자를 대상으로 개인정보에 관한 정보제공 및 규칙 제정
- 법 위반행위 또는 불공정한 사업관행에 대한 모니터링, 실태조사
- 피해구제 및 소 제기
- 민간 프라이버시 단체로부터 불법행위 접수

3. 연방법

연방국가인 미국의 법제도는 프라이버시를 보호하는 법제를 연방법과 주법에 분산하여 관할을 인정하고 있다. 대표적인 연방법(federal law)을 살펴본다.

1) 연방프라이버시법

연방프라이버시법(Federal Privacy Act: 1974)은 연방정부를 비롯한 연방 공공기관에 적용된다. 입법목적은 연방공공기관이 공정한 정보사용의 원칙에 맞추어 개인정보를 처리하고 정보주체의 권리를 보장하기 위한 것이다. 주요 내용은 정보주체의 열람 · 정정 요구권, 필요한 범위 내에서 정보 수집원칙, 어떠한 정보가 수집되었는지에 대한 고지의무, 정보공유의 원칙적 금지 등이다.

2) 정보공개법

정보공개법(Freedom of Information Act: 1996)은 연방공공기관에만 적용된다. 주 또는 지방기관에는 해당되지 않지만 각 주에서도 이와 비슷한 형태의 주법이 있다. 정보공개법은 정보 공개 시 민감한 개인정보(예를 들면 사회보장번호) 는 제외하고 있다. 입법목적은 연방기구의 공공기록에 대한 시민들의 접근권을 보장하기 위한 것이다. 이 법은 개인정보뿐만 아니라, 정부기관의 모든 데이터에 대한 정보공개를 원칙으로 한다. 다만, 정보공개법은 아래 제시된 9가지 예외 사항에 대하여는 공개를 금지하고 있다.

- 국방과 외교관계 정보
- 정부 내부 기관의 인사 및 시행 규칙에 관련된 정보
- 다른 법에 의해서 공개가 금지된 정보

- 무역 비밀과 다른 비즈니스상의 기밀 정보
- 정부 기관 내부와 기관간의 회의 기록
- 개인 사생활 정보(사적인 인사, 의료 기록)
- 법 집행 목적상 공개가 위 6가지에 해악을 끼치는 경우
- 금융기관 감시 정보
- 유전(wells)에 관한 지리적 정보

3) 프라이버시보호법

프라이버시보호법(Privacy Protection Act: 1980)은 법을 집행하는 공공기관에 적용된다. 입법목적은 법집행목적으로 언론기록에 접근할 수 있는 사항과 그 방법 및 절차를 규정하기 위한 것이다.

주요내용은 첫째, 원칙적으로 연방과 주의 공무원 및 직원이 언론기자의 저작물이나 서류를 추적하거나 체포하는 것을 금지하며, 법집행 목적으로 이러한 정보에 접근하기 위해서는 법원의 자료제출영장(subpoena)을 요구하는 것이다. 둘째, 국가안보 정보, 아동포르노 범죄, 언론인의 범죄행위로 인해 타인의 중대한 신체적 손상이나 죽음을 방지하기 위해 필요한 경우에는 수색영장(warrant)만으로도 정보수집이 가능토록 예외 규정을 허용하고 있다.

4) 외국정보감시법

외국정보감시법(Foreign Intelligence Surveillance Act: 1978)은 수사기관 등 공공 부문에 적용된다. 입법목적은 국가안보를 위한 정보수집 · 감시 등 첩보활동을 합법화하기 위한 것이다. 주요내용은 안보를 위한 조사의 필요성이 있는 경우에만 국외정보 수집을 가능하게 허용한 것이다. 하지만

2001년 제정된 이른바 애국법(USA Patriot Act)로 인하여 단지 조사의 중요성이 인정될 때에도 국외 정보수집이 가능해졌다.

5) 공정신용평가법

공정신용평가법(Fair Credit Reporting Act: 1970)은 신용평가기관(Credit Reporting Agency: CRA)에 적용된다. 입법목적은 신용평가기관에 의한 개인정보의 오 · 남용을 방지하는 것이다.

공정신용평가법은 신용평가기관이 개인신용정보의 비밀성과 정확성을 보호하기 위한 '합리적 절차(reasonable procedures)'를 준수하도록 하기 위해 개인의 접근권, 개인정보보안, 개인정보의 파기, 필요사항 고지, 정보주체의 동의, 신용평가기관의 책임성에 관한 내용을 담고 있다. 신용평가기관은 은행, 신용카드회사, 사용자(회사), 임대업자 등의 사업자가 개인의 신용을 평가하기 위해서만 정보를 사용할 것이라는 합리적인 믿음이 있는 경우가 아닌 한 개인정보의 제공을 할 수 없다.

6) 금융서비스 현대화법

금융서비스 현대화법(The Financial Services Modernization Act: 1999)은 은행, 증권회사, 보험회사와 같은 금융기관 및 대부업 등 모든 대출서비스 제공회사, 중개업, 자금전송 또는 보관업, 금융자문이나 신용 컨설팅을 제공하는 회사, 채권 추심업 등과 같은 기타 금융상품 또는 서비스를 제공하는 모든 회사에 적용된다. 입법목적은 금융기관이 보유하는 고객의 금융정보를 보호하기 위한 것이다.

주요내용은 다음과 같다. 첫째, 금융프라이버시 원칙이다. 이것은 금융기관에 의한 고객의 개인금융정보의 수집 · 이용을 규제하는 것으로, 금융기관으로부터 금융정보를 제공받는 기업(금융기관 여부를 불문)에도 적용된다. 금융기관은 소비자에게 회사의 개인금융정보보호 정책을 고지할 의무가 있고, 개인정보를 이해관계가 없는 제3자에게 제공하여 정보를 공유하기 전에는 반드시 소비자에게 알려서 반대할 권리를 보장하여야 한다.

둘째, 세이프가드 원칙이다. 이것은 모든 금융기관이 소비자의 정보를 보호하기 위한 안전장치를 고안하고 시행하며 유지할 것을 요구하는 것으로, 소비자로부터 직접 정보를 수집하는 금융기관 뿐 아니라 다른 금융기관으로부터 고객 정보를 받는 신용평가회사 등에도 적용된다.

셋째, 프리텍스팅(pretexting) 규정을 들 수 있다. 이것은 소비자를 속여서 개인의 금융정보를 취득하는 개인 또는 기업으로부터 소비자를 보호하기 위한 규정(타인의 통화기록과 같은 사적인 정보를 회사 등이 본인을 사칭해 입수하는 것)이다.

7) 케이블통신정책법

케이블통신정책법(Cable Communications Policy Act: 1984)〉은 케이블을 통해 서비스를 제공하는 사업자에 적용된다. 입법목적은 양방향 케이블시스템의 개발로 인해 부당한 개인정보 수집이 가져올 프라이버시 침해 위험을 방지하기 위한 것이다.

주요내용은 케이블 통신사업자에 대하여 첫째, 적어도 1년에 한 번씩 고객에게 자사의 개인정보 수집 및 보유현황에 대해 고지토록 강제하여 고객이 사업자의 개인정보 수집 및 이용을 제한할 수 있는 기회를 제공하여야 하며, 둘째, 고객에 관한 정보는 고객의 사전 동의 없이 이용되거나 제3자에게 제공될 수 없도록 제한하는 것이다. 단, 서비스의 제공에 관한 합법적인 영업활동과정에서 이루어진 정보의 공개는 예외로 한다.

8) 전자통신프라이버시법

전자통신프라이버시법(Electronic Communications Privacy Act: 1986)은 전자통신 서비스 제공사업자에게 적용된다. 입법목적은 전자적 기록에 관한 정부 등의 접근절차 및 방법을 통제함으로써, 통신프라이버시를 보호하기 위한 것이다.

주요내용으로는 첫째, 저장된 음성메일(voice mail)이나 이메일에 대하여 권한 없는 접근 및 이용을 금지하고, 이러한 저장된 이메일 등의 내용을 해당 전자통신 서비스 제공자가 외부에 공개하지 못하도록 금지한다. 둘째, 이러한 금지규정을 위반한 자는 형사상 제재를 받음은 물론, 고의적이거나 의도적인 위반행위로 인해 피해를 입은 자는 민사소송을 통해 금지명령 등의 피해구제를 청구하거나 금전적 배상을 요구할 수 있도록 한다.

9) 가족의 교육권 및 프라이버시법

가족의 교육권 및 프라이버시법(Family Educational Rights and Privacy Act: 1974)은 학교 등 교육기관에 적용된다. 입법목적은 학생의 교육정보에 대하여 학부모와 학생의 자기정보결정권을 강화하고 프라이버시 관점에서 교육정보를 보호하기 위한 것이다.

주요내용으로는 첫째, 학교 등의 교육기관이 연방기금을 교부받지 못하게 되는 몇 가지 사항을 적시하고 이에 대한 감독권을 교육부에 부과함으로써 학생 및 학부모의 교육정보에 대한 권리를 보장하며, 둘째, 학생 또는 학부모는 학교 등의 교육기관이 보유하고 있는 자신 또는 아동의 교육정보에 대해 조사 · 심사하고 이를 통해 잘못된 내용이 있으면 정정을 요청할 수 있으며 나아가 개인식별정보(personally identifiable information)의 공개를 중지토록 요구하는 등의 권리를 행사할 수 있으며, 셋째, 학교 등의 교육기관은 교육기록내 개인식별정보를 학생 또는 학부모의 서면 동의 없이 공개할 수 없으며, 학교가 관리하고 있는 교육정보에 대해 권한 있는 학생 및 학부모에게 고지하도록 하고 있다.

10) 건강보험 이동 및 책임법

건강보험 이동 및 책임법(Health Insurance Portability and Accountability Act: 1996)〉은 의료부문에 적용된다.입법목적은 개인 의료정보의 보호를 위한 것이다. 주요내용은 개인에 관한 의료정보를 보호하는 방법과 제3자에게 제공될 수 있는 상황에 대하여 해당 개인에게 서면으로 고지하도록 하며, 이러한 고지 내용과 다른 방법으로 의료정보를 공개하는 것을 금지하는 것이다.

11) 근로자거짓말탐지보호법

근로자 거짓말탐지 보호법(Employee Polygraph Protection Act: 1988)은 고용부문에 적용된다. 입법목적은 거짓말탐지기로 인한 근로자의 프라이버시 침해를 방지하는 것이다. 주요내용은 첫째, 원칙적으로 현재 근로자 또는 잠재적 근로자로 하여금 거짓말 탐지 테스트를 받도록 요구하는 것과 거짓말탐지 테스트 결과를 이용하는 것을 금지하며, 둘째, 연방과 주, 지방정부 및 정보기관, 특정한 보안요원에 의한 거짓말탐지 테스트 실시나 고용주가 근로자의 횡령 · 갈취 · 산업스파이 행위 등으로 인해 경제적 손실이 가해진 경우를 조사하기 위해 요청한 경우 등은 예외를 허용하며, 셋째, 거짓말탐지 테스트를 실시할 경우 피검자의 권리와 테스트가 타당한 법적 이유를 설명하도록 하고 있다.

12) 전화사용자보호법

전화사용자보호법(Telephone Consumer Protection Act：1991)은 통신 부문에 적용된다. 입법목적은 전화사용자의 프라이버시 보호를 위한 것이다. 주요내용은 팩스나 컴퓨터를 사용하여 불필요한 광고를 보내는 것을 금지하며, 일반가정전화가입자가 최초로 가입할 때 수신자 전화를 회피할 수 있는 권리를 보장하는 것이다.

13) 운전자프라이버시보호법

운전자프라이버시보호법(Driver's Privacy Protection Act：1994)〉은 연방, 주, 관할지역에서 자동차 관련 업무를 수행하는 모든 기관, 보험이나 자동차 리콜과 같은 운전자의 안전을 담당하는 기관, 마케팅 활동으로 운전자 정보를 활용하는 기관에 적용된다. 입법목적은 자동차와 관련된 운전자의 모든 개인적인 기록정보의 프라이버시 보호를 위한 것이다. 주요내용은 운전자 개인정보를 수집 · 관리 · 이용할 수 있는 자를 규정하고 모든 주의 자동차관리국에서는 운전자의 동의가 있어야만 개인정보를 제공할 수 있도록 하는 것이다.

14) 비디오프라이버시법

비디오프라이버시법(Video Privacy Act：1988)은 비디오테이프 판매사업자 또는 대여사업자에게 적용된다. 입법목적은 고객 개인정보를 포함한 비디오 대여기록에 대한 이용자와 구매자의 프라이버시를 보호하기 위한 것이다. 주요내용으로는 첫째, 사업자가 본인 또는 법원의 승인 없이 비디오 대여기록 등 개인정보를 제3자에게 제공하는 것을 원칙적으로 금지하며, 둘째, 비디오 대여사업자가 동법을 위반하였다고 주장하는 소비자는 언제든지 민사소송을 통해 손해배상을 청구할 수 있으며, 불법적으로 획득된 비디오 대여기록 정보는 모든 법원 소송에서 증거로 사용될 수 없고 일정 기간 안에 파기되어야 한다.

15) 아동온라인프라이버시보호법

아동온라인프라이버시보호법(Children's On-Line Privacy Protection Act: 1999)은 13세 미만 아동으로부터 개인정보를 수집하는 모든 온라인 서비스제공자에게 적용된다. 입법목적은 13세 미만 아동의 개인정보를 온라인으로 수집하는 행위를 엄격히 제한하기 위한 것이다.

주요내용은 첫째, 사 업자는 홈페이지에 프라이버시 정책을 고지하고 개인정보를 수집하는 페이지에 바로 링크되도록 하여야 하며, 이를 부모에게 고지하여 개인정보를 수집하기 전 부모의 명확한 동의를 구하여야 하며, 둘째, 접근권을 보장하여 부모에게 아동의 개인정보가 제3자에게 제공되도록 동의할 것인지 여부를 선택하거나 개인정보를 삭제할 기회를 보장하여야 하며, 셋째, 인터넷 게임이나 설문조사 등의 활동에 아동이 참여할 때 이를 위해 합리적으로 필요한 수준 이상으로 많은 개인정보를 수집하여서는 안 되며, 아동으로부터 수집한 개인정보의 비밀성, 안전성, 무결성을 유지하기 위해 노력해야 한다.

4. 주법

미국의 각 주는 연방의 특성상 연방법과 별도로 개인정보보호를 위한 법률을 주법(state law)의 형식으로 제정 · 시행하고 있다. 대표적인 경우로 다른 주의 벤치마킹 대상이 되는 캘리포니아주법과 미시건주법을 살펴본다. 캘리포니아주법은 연방법보다 더 엄격한 개인정보보호법을 제정하여 시행하는 경우도 있다.

1) 캘리포니아

① 캘리포니아주 금융정보프라이버시법

캘리포니아주 금융정보프라이버시법(California Financial Information Privacy Act)은 은행, 저축조합, 신용조합, 기업대부회사에 적용되며, 주요내용은 특정요건이 충족되는 경우, 해당 계열사 또는 비계열의 제3자가 금융기관을 대신하여 특정서비스를 수행하기 위하여 그 계열사 또는 비계열 제3자에게 금융기관이 비공개 개인정보를 공개할 수 있도록 하는 것이다.

② 컴퓨터스파이웨어로부터의 소비자보호에 관한 법

컴퓨터스파이웨어로부터의 소비자 보호에 관한 법(Consumer Protec-tion Against Computer Spyware Act)은 컴퓨터 이용자의 동의 없이 컴퓨터소프트웨어 제작자, 컴퓨터소프트웨어 개인정보처리자, 웹사이트 운영자가 스파이웨어를 설치하는 경우에 적용된다. 입법목적은 고의로 컴퓨터에 스파이웨어를 설치하거나 스파이웨어를 포함하고 있는 컴퓨터소프트웨어를 제공하는 행위를 규제하기 위한 것이다.

주요내용은 첫째, 캘리포니아내 컴퓨터의 이용자가 아닌 개인 또는 법인이 일정 내용을 사전 고지하지 않은 상태에서 고의로 컴퓨터에 스파이웨어를 설치하거나 스파이웨어를 포함하고 있는 컴퓨터소프트웨어를 제공하는 행위를 규제하며, 둘째, 의무공개사항을 공개하지 않아 법규를 위반하는 경우 스파이웨어를 제공받은 자와 인터넷서비스제공자(ISP)는 손해배상을 청구하는 소송제기가 가능하다는 것이다.

③ 캘리포니아주 형법

캘리포니아주 형법(California Penal Code)은 통신의 모든 부분에 적용된다. 입법목적은 비밀통신의 기록 또는 도청으로부터 개인의 권리를 보호하는 것이다. 주요내용은 비밀통신의 기록 또는 도청을 금지하는 주형법 630-637조는 회사의 업무를 위하여 전달되는 통신의 내용은 회사 자신에 대하여 이를 비밀이라고 할 수 없으므로 그 적용가능성이 없다.

2) 미시건

① 능률적인 판매 및 사용세 관리법

능률적인 판매 및 사용세 관리법(streamlined sales and use tax administration act)은 모든 종류의 상거래와 판매자에게 적용된다. 동법은 판매와 사용세 부과를 능률적으로 하기 위한 법으로 구매자의 프라이버시 보호에 관한 규정도 담고 있다. 동법은 서비스제공자가 고객의 개인정보를 보유하거나 공개하는 것을 금지하고 있다.

② 도서관프라이버시법

도서관프라이버시법(The library privacy act)은 공공도서관 · 학교도서관 및 공공에게 개방된 모든 사설도서관에 적용된다. 동법은 도서관 기록의 비밀과 도서관 자료의 수집 및 이용을 위한 법으로 이법에 따르면 도서관 기록은 정보공개법의 적용을 받지 아니하며, 법원의 명령에 의한 경우가 아니면 서면 동의 없이 개인정보가 담긴 도서관 기록을 공개할 수 없다.

③ 아동 신분확인 및 보호에 관한 법

아동 신분확인 및 보호에 관한 법(Child identification and Protection Act)은 공공기관과 만17세 이하의 아동에게 적용된다. 동법은 아동의 지문채취를 규제함으로써 아동의 프라이버시 보호를 목적으로 하는 법으로 공공기관이 아동의 지문을 채취하려 할 때 부모 및 후견인이 가지는 권리와 채취한 지문의 보관을 금지하고 있다.

④ 근로자의 알권리에 관한 법

근로자의 알권리에 관한 법(Employee Right to Know Act)은 공공기관과 만17세 이하의 아동에게 적용된다. 동법은 고용주가 보유하고 있는 근로자의 개인기록에 대한 근로자의 열람 · 정정 및 개인정보 공개에 대한 동의, 민감한 개인정보의 수집 금지 등을 규정하고 있다.

5. 세이프하버원칙

세이프하버원칙(Safe Harbor Principles)은 법률은 아니지만 미국에서 개인정보 보호를 위해 중요한 역할을 담당한다. 동 원칙은 EU 개인정보 보호지침의 '개인정보 국외이전 제한'으로 인해 미국 기업들이 입을 수 있는 피해를 방지하기 위해 미국과 EU가 2000년에 합의한 내용이다. 이것은 유럽시민들의 개인정보를 전달받아 처리하는 미국 기업이 EU 개인정보 보호지침에서 규정한 '개인정보취급의 적정성(adequacy)' 요건을 갖추었는지 여부를 판단하기 위한 기준이다.

세이프하버원칙의 주요내용은 다음과 같다.

① 고지(notice): 개인정보의 수집 · 이용목적, 용도, 정보를 제공하는 제3자의 유형, 문제제기 또는 권리행사시 접근방법 등에 대하여 고지한다.

② 선택(choice): 개인정보가 제3자에게 제공되는지 여부 및 최초의 수집목적과 양립할 수 없는 다른 목적으로 정보가 사용될 것인지 여부에 대해 opt-out 방식의 선택권을 제공(민감한 정보에 대해서는 opt-in 방식의 선택권 제공)한다.

③ 제3자 제공(onward transfer): 개인정보를 제3자에게 제공할 경우, 당사자에게 고지하고 선택권을 부여한다.

④ 접근(access): 정보주체의 접근권과 정정요구권을 보장한다.

⑤ 안전성(security): 개인정보의 손실, 오용, 권한 없는 접근, 변경, 파기로부터 보호하기 위한 합리적 예방조치를 취한다.

⑥ 정보의 무결성(data integration): 당초의 수집 및 이용목적에 부합한 개인정보의 이용, 정확성 · 완전성 · 최신성의 확보한다.

⑦ 이행(enforcement): 원칙의 준수를 담보할 수 있는 구제수단과 분쟁해결절차 제재 수단의 확보한다.

5.2 OECD의 프라이버시 보호 제도

OECD는 1980년 정보화 사회의 도래와 국가 및 민간 부문이 타인의 개인정보를 취득하는 것이 이전과 비교할 수 없을 정도로 용이해지는 상황에 심각한 우려를 표명하고 「OECD 프라이버시 가이드라인」 8원칙을 공표하였다. 이것은 이후 여타의 국가의 개인정보 보호입법에 준거가 되었으며 상당한 영향을 미쳤다. 즉, OECD 프라이버시 가이드라인은 프라이버시 보호에 시금석이 되는 중요한 국제사회의 첫걸음이었으며 기념비적인 입법이었다. 그 자세한 내용은 다음과 같다.

① 데이터 수집제한의 원칙－개인 데이터는 적법하고 공정한 방법으로 필요한 경우에 당사자의 동의를 얻어서 수집하여야 한다.

② 데이터 특성의 원칙－개인 데이터는 사용목적과 그 목적에 필요한 범위 안에서 정확하고 최신의 정보에 부합하여야 한다. 즉 데이터가 사용되는 목적에 관련되어야 한다.

③ 목적 특정화 원칙－수집되는 개인 데이터는 수집 당시에 특정되어야 하고 그 목적 실현에 제한되어야 한다.

④ 사용제한의 원칙－개인 데이터는 주체의 동의와 법령에 의한 경우를 제외하고는 공개되거나 특정한 목적 이외의 다른 용도로 사용되지 아니한다.

⑤ 비밀보호의 원칙－개인 데이터는 불법적인 접근이나 파괴 · 사용 · 데이터 수정과 공개의 위험에 대비하여 합리적인 비밀보호의 조치가 적용되어야 한다.

⑥ 공개의 원칙－개인 데이터에 대한 발전이나 관행 및 정책에 관해서 일반적 공개정책이 확립되어야 한다.

⑦ 개인 참여의 원칙－개인은 다음과 같이 데이터 개인정보처리자에게 자신에 관한 데이터를 보유하고 있는지 여부를 확인할 권리를 갖는다. 그에게 상당한 기간 안에 그가 즉시 알 수 있고 또한 타당한 방식으로 과도한 비용부담 없이 그에 관한 데이터를 통지받는다. 상기의 요청을 거부하는 이유와 그러한 거부에 이의를 제기할 수 있는 권리를 갖는다. 그러한 이의가 정당한 경우에는 그에 관한 데이터의 삭제 · 수정 · 종료할 권리를 갖는다.

⑧ 책임성 원칙－데이터 개인정보처리자는 상기의 원칙이 적용되는 조치에 부합하도록 책임을 진다.

5.3 EU의 프라이버시 보호 제도

오늘날 개인정보는 정부가 보유하고 있는 개인정보와 기업이나 단체가 보유하고 있는 개인정보, 자동으로 처리되는 개인정보와 수동으로 처리되는 개인정보, 개인정보와 비개인정보, 상업목적의 개인정보와 비상업목적의 개인정보 등의 구분기준에 따라서 다양한 유형이 존재하고 있다.

그리고 프라이버시의 구조는 누가 개인의 개인정보의 수집과 보관을 하는가에 의해서 공공 부문과 민간 부문으로 이분할 수 있으며, 또한 그 개인정보가 디지털 또는 아날로그 형태이냐 여부와 개인정보에의 접근과 이용이 온라인 또는 오프라인 중 어디에서 이동하는가에 따라서 법적 보호범위와 한계가 각각 구분될 수 있다.

이에 관하여 유럽연합(European Union：EU)은 사이버스페이스에서의 프라이버시를 보호하기 위하여 공공 부문의 개인정보, 민간 부문의 개인정보, 온라인 및 오프라인 개인정보를 통합하여 규율하는 방식을 취하고 있다. 이러한 EU 모델의 근거는 과거 프라이버시 침해에 대한 반성으로부터 철저한 권리구제, 전자상거래 촉진, 그리고 EU 법체계의 통일을 기하고자 단일한 개인정보감독기구의 설치를 전제로 하고 있다. 권리구제 방식도 법원에 의한 구제가 아니라 옴부즈맨과 같은 독립기구에 의해서 신속하고 사법 비용이 적게 들기 때문에 매우 유리한 구제방안이라고 할 수 있다.

EU의 프라이버시 보호 제도는 이상과 같은 기본원칙을 국내법의 차원에서 입법하여 시행하고 있다. 이하에서는 대표적인 제도로 EU 프라이버시 협약(1981), EU 개인정보보호지침(1995), EU 전자통신 프라이버시 보호지침(2002), EU 개인정보보호지침개정안(2012) 등을 제정 또는 개정하여 사이버스페이스상의 프라이버시를 보호하고 있다.

1. 프라이버시 협약

유럽이사회는 1981년 프라이버시 협약(Council of Europe Convention on Privacy)을 제정하여 프라이버시에 관한 일반적인 원칙을 표명하였다. 이 협약은 개인정보보호의 기본원칙을 다음과 같이 제시하였다.

① 회원국의 의무: 회원국은 국내법을 집행할 의무가 있다.

② 개인정보의 성질: 자동으로 처리되는 개인정보는 적법하고 공정하게 수집 · 처리되고, 특정하고 적법한 목적으로 저장되며, 그 목적에 부합하지 않는 방법으로 사용하지 못한다. 저장 목적이 비례원칙에 부합하여야 한다. 저장목적을 초과하는 기간 동안 보유할 수 없다.

③ 개인정보의 특별한 분류원칙: 인종과 정치신념, 성생활이나 형벌기록과 같은 민감한 개인정보를 국내의 적절한 보호 장치가 없이 자동처리를 금한다.

④ 접근의 용이: 정보주체를 위한 추가적인 보호 장치로서 자신의 개인정보에 관해서 과도한 지연이나 비용을 부담하지 않고 용이하게 확인할 수 있어야 한다.

⑤ 예외와 제한: 국가안보, 공공질서, 국가의 금융상 이익, 범죄예방을 위하여 제한될 수 있다.

⑥ 제재와 구제원칙: 이러한 기본원칙을 시행하는 국내법의 위반행위에 대해서 적합한 제재와 권리구제를 마련하여야 한다.

⑦ 보호의 확대: 이 협약이 정한 보호조치보다 회원국의 보호조치가 정보주체에게 제한하여 해석되거나 시행될 수 없다.

2. 개인정보보호지침

EU는 1995년에 EU 개인정보보호지침(European Union Data Protection Directive)을 제정하여 1998년까지 회원국의 프라이버시에 관한 국내 입법을 동 지침의 수준으로 상향조정할 것을 결의하였다. 오늘날 EU 회원국은 프라이버시 보호입법을 시행하고 있다. 동 지침의 개인정보 처리의 적법성의 일반규칙은 다음과 같다. 이 지침에 대한 개정안이 2012년 제시되었다. 자세한 것은 후술한다.

① 개인정보 특성에 관한 원칙

② 적법한 마케팅 개인정보처리의 근거에 관한 원칙

③ 개인정보 처리의 특별한 분류

④ 정보주체에게 통지할 정보

⑤ 정보주체의 정보 접근의 권리

⑥ 면제와 제한

⑦ 정보주체의 반대할 권리

⑧ 정보처리의 비밀과 안전성

⑨ 통지

⑩ 법적 구제, 책임과 형벌

⑪ 제3국으로 개인정보 이전

3. 전자통신 프라이버시 보호지침

EU는 IT 기술의 비약적인 발전에 따라 사이버스페이스상에서 그동안 예기치 못했던 막대한 개인정보의 수집 · 이용이 이루어지고 오 · 남용이 빈발하는데도 불구하고 정보주체가 이를 인식하지 못하는 특수한 상황이 전개되자 이에 대처하고자 2002년 전자통신 분야에서 개인정보 처리 및 프라이버시 보호지침(2002/58/EC 지침, 2002. 7. 12.)을 제정하였다. 주요내용은 다음과 같다.

1) 목표

이 지침은 근본적 권리 및 자유 그리고 특히 전자통신 분야에 있어서 개인 정보의 처리에 관하여 프라이버시 권리 보호의 동등한 수준을 담보하도록 그리고 공동체에서 그러한 정보와 전자통신 장비 및 서비스의 자유로운 이동을 담보하도록 요구되는 회원 국가의 규정을 조화롭게 하는 것을 목표로 한다(제1조 제1항).

2) 적용범위

이 지침은 EU 조약 타이틀 V 및 타이틀 VI에 의하여 포함되는 것과 같이 유럽공동체 설립 조약의 범위 밖의 활동과 공공질서, 방위, 국가안보(활동이 국가 안전 문제와 관련되는 경우 국가의 경제적 복지를 포함하여), 및 형사법의 영역에서 국가의 활동에 관한 경우에는 적용되지 않는다(제1조 제3항).

3) 개념

① '사용자'는 이 서비스에 필수적으로 가입하지 않고 개인적 또는 비즈니스 목적으로 공적으로 사용가능한 전자통신 서비스를 사용하는 자연인을 의미한다.

② '통신 정보'는 전자통신 네트워크에서 통신의 전달을 목적으로 또는

그로 인한 요금 청구의 목적으로 처리되는 정보를 의미한다.

③ '위치 정보'는 공적으로 사용가능한 전자통신 서비스 사용자의 단말기 장비의 지리적인 위치를 나타내는 전자통신 네트워크에서 처리되는 정보를 의미한다.

④ '통신'은 공적으로 사용가능한 전자통신 서비스 수단에 의하여 한정된 당사자 사이에 교환되거나 전달되는 정보를 의미한다. 이것은 정보가 정보를 수신하는 식별할 수 있는(identifiable) 가입자 또는 사용자와 관련되는 정도인 한을 제외하고 전자통신 네트워크를 통하여 공중에 방송되는 서비스의 한 부분으로서 전달되는 정보를 포함하지 않는다.

⑤ '통화'는 실시간으로 쌍방향 통신을 허용하는 공적으로 사용가능한 전화 서비스 수단에 의하여 설치된 연결을 의미한다.

⑥ '부가가치 서비스'는 통신의 전송이나 그로 인한 요금 청구에 필요한 정도를 뛰어 넘는 통신정보 이외의 통신 정보 또는 위치 정보의 처리를 요구하는 서비스를 의미한다.

⑦ '전자우편'은 수신자에 의하여 수집될 때까지 네트워크 또는 수신자의 단말기 장비에 저장될 수 있는 공공통신 네트워크에 보내진 문자, 음성, 소리, 또는 이미지 메시지를 의미한다(제2조).

4) 안전유지 의무

국가는 국가적 입법을 통하여 공공통신 네트워크 및 공적으로 사용가능한 전자통신 서비스 수단에 의한 통신과 관련 통신정보의 비밀을 담보하여야 한다. 법적으로 허가된 경우를 제외하고, 특히 국가는 당해 사용자의 동의 없이 사용자 이외의 자에 의한 통신과 관련 통신정보의 듣기, 도청, 저장, 감청의 다른 종류, 또는 감시를 금지하여야 한다. 이 항은 비밀의 원칙을 훼손하지 않으면서 통신의 전달에 필요한 기술적 저장을 금지하지 않아야 한다. 위 내용은 상업적 거래 또는 다른 비즈니스 통신의 증거를 제공할 목적으로 합법적인 비즈니스 실행 과정에서 수행되는 경우의 통신과 관련 통신정보의 법적으로 허가된 기록에 영향을 미치지 않는다.

국가는 가입자 또는 사용자의 단말기 장비에 저장된 정보에 접근하거나 정보를 저장하기 위한 전자통신 네트워크의 사용이 명백하고 공정한 정보가 제공되고 정보처리자에 의한 처리를 거부할 권리가 제공된다는 조건으로 오로지 허용된다는 것을 담보하여야 한다. 이것은 전자통신 네트워크를 통하여 오로지 통신의 전송을 실행하거나 촉진하는 목적을 위하거나 또는 가입자 또는 사용자가 명시적으로 요청하는 정보사회 서비스를 제공하기 위하여 엄격하게 필요한 기술적 저장 또는 접근을 금지하지는 않는다(제5조).

5) 삭제 및 익명화 의무

공공통신 네트워크 또는 공적으로 사용가능한 전자통신 서비스 제공자에 의하여 처리되고 저장된 가입자 및 사용자에 관련한 통신정보는 이 조의 제2항, 제3항, 및 제5항 그리고 제15조 제1항을 배제하지 않고 통신 전송의 목적을 위하여 더 이상 필요하지 않은 경우, 삭제되고 익명으로 되어야 한다.

전자통신 서비스의 판매 목적을 위하여 또는 부가가치 서비스의 제공을 위하여, 공적으로 사용가능한 전자통신 서비스 제공자는 만일 정보가 관련된 사용자 및 가입자가 동의를 한 경우, 그러한 서비스 또는 판매를 위하여 필요한 기간 동안 및 그 한도까지 정보를 처리한다. 사용자 또는 가입자는 통신 정보의 처리를 위한 그들의 동의를 언제든지 철회할 기회가 제공되어야 한다.

서비스 제공자는 동의를 얻기 전에 위에서 언급하는 목적을 위하여 가입자 또는 사용자에게 처리되는 통신정보의 유형과 그러한 처리의 기간을 고지하여야 한다(제6조).

6) 위치정보의 보호

공공통신 네트워크 또는 공적으로 사용가능한 전자통신 서비스의 사용자 또는 가입자와 관련하여 통신정보 이외의 위치정보가 처리되는 경우, 그러한 정보는 오로지 그들이 익명으로 만들어진 경우에만 또는 부가가치 서비스의 제공을 위하여 필요한 정도와 기간 동안만 사용자 또는 가입자의 동의하에 처리되어야 한다. 서비스 제공자는 사용자 또는 가입자에게 그들의 동의를 얻기 전에 처리되는 통신정보 이외의 위치정보의 유형, 처리의 목적과 기간, 그리고 부가가치 서비스 제공을 목적으로 정보가 제3자에게 전송되는지 여부를 고지하여야 한다. 사용자 또는 가입자는 언제든지 통신정보 이외의 위치정보의 처리를 위한 동의를 철회할 가능성이 제공되어야 한다.

통신정보 이외의 위치정보의 처리를 위하여 사용자 또는 가입자의 동의가 완료된 경우, 사용자 또는 가입자는 간편한 수단을 사용하여 그리고 무료로 네트워크에 각각의 연결을 위하여 또는 통신의 각각의 전송을 위하여 그러한 정보의 처리를 임시적으로 거절할 가능성을 계속 보유하여야 한다.

통신정보 이외의 위치정보의 처리는 공공통신 네트워크 또는 공적으로 사용가능한 전자통신 서비스 제공자 또는 부가가기 서비스를 제공하는 제3자의 권한에 의거하여 행동하는 자에게 제한되어야 하며 부가가치 서비스를 제공하는 목적을 위하여 필요한 것으로 제한되어야 한다(제9조).

4. 개인정보보호지침 개정안

IT 기술의 비약적인 발전에 따라 사이버스페이스상에서 그동안 예기치 못했던 막대한 개인정보의 수집 · 이용이 이루어지고 오 · 남용이 빈발하는데도 불구하고 정보주체가 이를 인식하지 못하는 등 특수한 상황이 계속되자, EU는 더 이상 개별적인 사항에 대한 제 · 개정만으로는 부족하다고 판단하고 2012년 동 지침을 전면적으로 개정하고자 개정안을[79] 제시하였다. 그 주요 내용은 다음과 같다.

1) 목적

이 지침은 개인정보의 처리와 관련된 개인의 보호에 관한 규칙 및 개인정보의 자유로운 이동에 관한 규칙에 대해 규정한다. 이 지침은 자연인의 기본적 권리와 자유, 특히 개인정보보호에 대한 권리를 보호한다. 개인정보의 처리와 관련하여 개인의 보호를 이유로 EU 내에서의 개인정보의 자유로운 이동이 제한되거나 금지되어서는 안 된다(제1조).

2) 개념

① '정보주체(data subject)'란 개인정보처리자 또는 기타 자연인이나 법인에 의해 합리적으로 사용될 수 있는 수단에 의해, 특히 자연인의 식별번호, 위치정보, 온라인 식별자에 대한 조회 또는 그 자연인의 신체적, 생리적, 유전적, 정신적, 경제적, 문화적, 사회적 정체성 등

79 개인정보의 처리와 관련한 개인의 보호 및 개인정보의 자유로운 이동에 관한 유럽의회와 유럽이사회 규정 제안 (Proposal for REGULATION OF THE EUROPEAN PARLIAMENT AND OF THE COUNCIL on the protection of individuals with regard to the processing of personal data and on the free movement of such data), 2012.1.25.

에 특유한 하나 또는 그 이상의 요소에 대한 조회에 의해 확인된 자연인 또는 직접 또는 간접적으로 확인될 수 있는 자연인을 의미한다.

② '개인정보(personal data)'란 정보주체와 관련된 정보를 의미한다.

③ '처리(processing)'란 자동화된 수단에 의하는지 여부와 관계없이 수집, 기록, 조직, 구성, 보관, 수정 또는 변경, 복구, 참조, 사용, 전송에 의한 공개, 유포 또는 살포, 결합 또는 배합, 삭제 또는 파괴 등과 같이 개인정보 또는 일련의 개인정보에 대해 수행하는 공정 또는 일련의 공정들을 의미한다.

④ '파일링시스템(filing system)'이란 기능상 또는 지리적 기준에서 집중화, 분권화 또는 분산되었는지의 여부와 관계없이 특정한 기준에 따라 접근할 수 있는 개인정보의 구성된 조합을 의미한다.

⑤ '처리자(controller)'란 개인정보의 처리 목적, 조건, 수단을 단독 또는 다른 사람과 공동으로 결정하는 자연인 또는 법인, 공공 기관, 관청, 기타 단체 등을 의미한다. 처리 목적, 조건, 수단이 EU 또는 회원국 법률에 의해 결정되는 경우, 처리자 또는 처리자 지명을 위한 특정 기준은 EU 또는 회원국 법률에 따라 정해질 수 있다.

⑥ '취급자(processor)'란 처리자(controller)를 대리하여 개인정보를 처리하는 자연인 또는 법인, 공공 기관, 관청, 기타 단체를 의미한다.

⑦ '수령인(recipient)'이란 개인정보의 공개를 받는 자연인 또는 법인, 공공 기관, 관청, 기타 단체를 의미한다.

⑧ '정보주체 동의(data subject consent)'란 정보주체가 진술 또는 분명한 행동에 의해 처리되는 개인정보에 대해 동의한다는 것을 표현함으로써, 자신의 희망을 구체적이고, 정확하고, 명확하고, 자유롭게 표시하는 것을 의미한다.

⑨ '개인정보 침해(personal data breach)'란 전송, 보관, 또는 달리 처리되는 개인정보의 우발적인 또는 불법적인 파괴, 손실, 변경, 승인받지 않은 공개, 접근 등을 유발하는 보안 침해(breach of security)를 의미한다.

⑩ '유전자 정보(genetic data)'란 물려받은 또는 태아기의 초기 발달 단계에서 생성된 개인의 특성과 관련된 모든 종류의 정보를 의미한다.

⑪ '생체인식 정보(biometric data)'란 얼굴 형상과 같이 유일한 식별을 가능하게 해주는 개인의 신체적, 생리적, 행동적 특성과 관련된 정보나 지문 정보를 의미한다.

⑫ '건강 관련 정보(data concerning health)'란 개인의 신체적 또는 정신적 건강과 관련된 또는 개인에 대한 건강 서비스의 제공과 관련된 정보를 의미한다.

⑬ '주요 사업장(main establishment)'이란 처리자의 경우, 개인정보 처리의 목적, 조건, 수단 등에 대한 결정이 내려지는 EU 내의 사업장을 의미하며, 개인정보 처리의 목적, 조건, 수단 등에 대한 결정이 EU 내에서 내려지지 않는 경우, 주요 사업장은 EU 내의 처리자 사업장의 활동과 관련하여 주요한 처리 활동이 일어나는 곳이다. 처리자의 경우, '주요 사업장'은 EU 내의 중앙관리가 이루어지는 곳을 의미한다.

⑭ '대리인(representative)'이란 처리자에 의해 명시적으로 지정된 자로, 본 규정에 따른 처리자의 의무와 관련하여 처리자를 대리하여 이 의무를 이행하는 또는 EU 내 감독기관 및 기타 기관에 의해 인정되는 자연인 또는 법인을 의미한다.

⑮ '기업(enterprise)'이란 법률적 형태와 관계없이 경제활동에 종사하

는 주체를 의미하는 것으로, 자연인 및 법인, 동업(partnership) 또는 특정한 경제활동에 정기적으로 연관된 제휴기관 등이 포함된다.

⑯ '사업체 집단(group of undertakings)'이란 관리 사업체와 피관리 사업체들을 의미한다.

⑰ '구속력 있는 기업규칙(binding corporate rules)'이란 한 사업체 집단 내에서 하나 또는 그 이상의 제3국 처리자나 취급자에게 개인정보의 전송 또는 일련의 전송을 위해 EU 회원국 영토에 설립된 개인정보처리자 또는 처리자에 의해 준수되는 개인정보 보호정책을 의미한다.

⑱ '어린이(child)'란 18세 미만의 사람을 의미한다.

⑲ '감독기관(supervisory authority)'이란 동 지침 제46조에 따라 회원국에 의해 설립된 공공 기관을 의미한다(제4조).

3) 개인정보 처리원칙

① 개인정보는 정보주체와 관련하여 합법적으로, 공정하게 그리고 투명한 방식으로 처리되어야 한다.

② 개인정보는 구체적인, 명시적인, 적법한 목적을 위해 수집되어야 하고, 이러한 목적을 위반하여 처리되어서는 아니 된다.

③ 개인정보는 처리되는 목적에 적절하고, 타당하고, 최소한의 필요에 맞게 제한되어야 하며, 개인정보를 포함하고 있지 않은 정보를 처리함으로써 목적이 충족될 수 없는 경우에만 처리되어야 한다.

④ 개인정보는 정확하고 최신의 정보이어야 하며, 처리되는 목적과 관련하여 부정확한 개인정보를 즉시 삭제하거나 수정한다는 것을 보증하기 위해 적절한 조치가 취해져야 한다.

⑤ 개인정보는 개인정보가 처리되는 목적 범위 내에서 정보주체가 확인할 수 있는 형태로 보관되어야 하며, 개인정보는 계속적인 보관에 대한 필요성을 정기적으로 평가해야 하는 경우로써, 동 지침 제83조의 규정에 따라 역사, 통계, 과학 연구 목적으로 처리되어야 할 때에는 더 오랜 기간 동안 보관될 수 있다.

⑥ 개인정보의 처리는 이 지침을 준수한다는 것을 보증하고 증명하여야 하는 개인정보처리자의 책임 하에 이루어져야 한다(제5조).

4) 처리의 적법성

① 처리의 적법성

개인정보 처리는 다음 중 하나 이상을 충족하는 경우에만 적법하다.

(a) 정보주체가 하나 이상의 구체적인 목적을 위해 자신의 개인정보 처리에 동의를 하는 경우

(b) 정보주체가 계약 당사자인 계약의 이행을 위해 또는 계약 체결 전 정보주체의 요청에 따라 조치를 취하기 위해 개인정보 처리가 필요한 경우

(c) 개인정보처리자가 주체인 법률 의무를 준수하는데 필요한 경우

(d) 정보주체의 주요 이익을 보호하기 위해 필요한 경우

(e) 공공의 이익을 위해 필요하거나 또는 개인정보처리자에게 부여된 공식적인 권한의 행사를 위해 필요한 경우

(f) 개인정보처리자가 추구하는 적법한 이익의 목적에 부합하는 경우로, 개인정보의 보호가 필요한 정보주체, 특히 정보주체가 어린이인 경우의 이익 또는 기본 권리 및 자유가 우선될 때에는 예외임. 그러나 공공기관이 업무를 수행하는 과정에는 이 예외가 적용되지 않음.

제83조에서 규정한 규정 및 보호수단에 따라 역사, 통계, 과학, 연구 목적으로 필요한 경우, 개인정보의 처리는 적법하다. 개인정보를 추가로 처리하는 목적이 개인정보가 수집된 목적과 일치하지 않는 경우, 동 지침 제6조 제1항의 (a)-(e)에서 언급된 근거 중 최소 하나 이상에 해당되는 법률적 근거를 갖추고 있는 경우에만 개인정보를 처리할 수 있다. 특히 이는 계약 조건이 변경되는 경우, 반드시 적용되어야 한다(제6조).

② 동의 조건

개인정보처리자는 정보주체가 특정한 목적으로 자신의 개인정보가 처리된다는 것에 동의한다는 것을 입증해야 하는 책임을 부담해야 한다. 정보주체의 동의가 다른 문제와 관련된 서면 진술에 포함되는 경우, 다른 문제와 구별될 수 있도록 동의 요건이 제시되어야 한다. 정보주체는 자신의 동의를 언제든지 철회할 수 있다. 동의의 철회로 인해 철회 전 동의에 기초하여 처리한 사항의 적법성이 영향을 받지 않는다. 정보주체와 개인정보처리자의 위치 사이에서 심각한 불일치가 존재하는 경우, 동의로 인해 처리를 위한 법률적 근거가 제공되지는 않는다(제7조).

③ 어린이의 개인정보 처리

이 지침의 목적에 따라 그리고 어린이에 대한 정보 서비스의 직접적인 제공과 관련하여, 13세 미만 어린이의 개인정보 처리는 어린이의 부모나 보호자가 동의하거나 승인하는 경우에만 적법하다. 개인정보처리자는 적용 가능한 기술을 고려하여, 입증할 수 있는 동의를 얻기 위한 합리적인 노력을 해야 한다. 위 내용이 어린이와 관련된 계약의 유효성, 형식, 효과 등에 대한 규정과 같은 회원국의 일반 계약법에 영향을 미쳐서는 안 된다(제8조).

④ 민감정보 처리 금지

인종, 출신 민족, 정치적 견해, 종교 및 신념, 노동조합 가입 여부, 유전자, 건강, 성생활, 형사 판결 또는 보안 처분 등을 포함하는 개인정보의 처리는 금지된다.

다음 각 호의 경우에는 민감정보 처리금지가 적용되지 않는다.

(a) 정보주체가 이 지침 제7조 및 제8조에서 규정된 조건에 따라 개인정보를 처리하는 것에 동의하는 경우. 단, 위 1항에서 언급한 금지 조항이 정보주체에 의해 취소될 수 없다고 EU 또는 회원국 법률이 규정하는 경우는 예외

(b) 적절한 안전장치를 제공하는 EU 또는 회원국 법률에 의해 승인 받은 경우로써, 노동법 부문에서 개인정보처리자의 의무를 이행하거나 특정한 권리를 행사하는 목적으로 처리되는 경우

(c) 정보주체가 물리적 또는 법률적으로 동의를 할 수 없는 경우로써, 정보주체 또는 다른 사람의 주요 이익을 보호하기 위해 처리되는 경우

(d) 정치적, 철학적, 종교적 목적을 가지거나 노동조합의 성격을 가진 단체, 재단, 비영리기관이 적절한 안전장치를 갖추거나, 또는 개인정보가 해당 단체의 회원 또는 이전 회원 또는 해당 단체와 정기적으로 접촉하는 사람과 관련해서만 처리된다는 조건과 정보주체의 동의 없이 개인정보를 기관 외부에 공개하지 않는다는 조건을 충족하며,

적법한 활동을 수행하는 과정에서 처리하는 경우

(e) 정보주체가 명백히 공개한 개인정보를 처리하는 경우

(f) 법률 소송의 구성, 행사, 방어를 위해 처리하는 경우

(g) 정보주체의 적법한 이익을 보호해 주는 EU 또는 회원국 법률에 기초하여 공공의 이익을 위한 업무를 수행하기 위해 처리하는 경우

(h) 건강을 위해 그리고 이 지침 제81조에서 언급한 조건 및 안전장치에 따라 건강과 관련된 정보를 처리하는 경우

(i) 제83조에서 언급한 조건 및 안전장치에 따라 역사, 통계, 과학, 연구 목적으로 처리되는 경우;

(j) 관할 기관의 통제 하에 형사 판결이나 보안 조치와 관련된 정보가 처리되는 경우, 또는 개인정보처리자가 준수해야 하는 법률적 의무를 준수하기 위해 처리하는 경우, 또는 주요한 공익을 위한 업무를 수행하기 위해 처리하는 경우, 적절한 안전장치를 제공하는 EU 또는 회원국 법률에 따라 처리되는 경우, 범죄 판결 기록부는 관할 기관에서만 보관해야 한다(제9조).

⑤ 신원 확인을 허용하지 않는 개인정보 처리

개인정보처리자가 처리하는 정보가 개인정보처리자로 하여금 신원 확인을 하도록 허용하지 않는 정보인 경우, 개인정보처리자는 본 규정의 특정 규정을 준수할 목적으로 정보주체의 신원을 확인하기 위해 추가 정보를 얻어서는 아니 된다(제10조).

5) 정보주체의 권리

① 투명한 정보 및 전달

개인정보처리자는 개인정보의 처리와 관련하여 그리고 정보주체의 권리 행사를 위해, 투명하고도 쉽게 접근할 수 있는 정책을 갖추어야 한다. 개인정보처리자는 개인정보의 처리와 관련된 정보를 명확하고 분명한 언어를 사용하여 알아보기 쉬운 형태로 정보주체, 특히 정보주체가 어린이인 경우 이 어린이에 적합하게 조정하여 제공해야 한다(제11조).

② 권리행사 절차 및 방법

개인정보가 자동화된 수단에 의해 처리되는 경우 개인정보처리자는 전자적으로 처리될 수 있는 요청 수단을 제공해야 한다. 개인정보처리자는 동 지침 제13조 및 제15조 내지 제19조에 따라 특정 행동이 취해졌는지 여부를 요청서를 받은 날로부터 한 달 이내에 지체 없이 정보주체에게 알려야 한다. 정보는 서면으로 제공되어야 한다. 정보주체가 전자적인 형식으로 요청을 하고 달리 요청하지 않는 한 정보는 전자 형식으로 제공되어야 한다.

개인정보처리자는 정보주체가 요청한 조치를 거절하는 경우 거절 사유와 함께 감독기관에 민원을 제출하는 방법이나 법률적으로 구제받을 수 있는 방법을 정보주체에게 알려야 한다.

위에서 언급한 요청에 대한 정보 및 조치는 무료로 제공되어야 한다. 요청이 명백하게 과도한 경우, 특히 계속 반복되는 경우, 개인정보처리자는 요청 받은 정보나 조치를 제공하는 것에 대해 수수료를 부과하거나 요청 받은 조치를 취하지 않을 수 있다. 이 경우 개인정보처리자는 요청이 명백히 과도하다는 것을 입증할 책임을 부담한다(제12조).

③ 수령인과 관련된 권리

개인정보처리자는 이 지침 제16조 및 제17조에 따라 행해진 수정이나 삭제에 대해 자신의 개인정보가 공개된 수령인에게 알려야 한다. 단 이와 같은 통지가 불가능하거나 불필요한 경우에는 예외이다(제13조).

④ 정보주체에 대한 정보

정보주체와 관련된 개인정보가 수집되는 경우 개인정보처리자는 정보주체에게 다음 정보를 제공해야 한다.

(a) 개인정보처리자 그리고 가능한 경우 개인정보처리자의 대리인 및 개인정보취급자의 신원 및 연락처

(b) 정보 처리가 이 지침 제6조 제1항의 (b)에 의하는 경우 계약 조건 및 일반 조건, 그리고 정보 처리가 제6조 제1항의 (f)에 의하는 경우 개인정보처리자가 추구하는 적법한 이득을 포함하여 개인정보가 처리되는 목적

(c) 개인정보가 보관되는 기간

(d) 정보주체와 관련된 개인정보의 접근 및 수정 또는 삭제를 요청하거나 이러한 개인정보의 처리를 반대할 수 있는 권리의 존재 여부

(e) 감독기관에게 불만 사항을 제기할 수 있는 권리와 감독기관의 상세 연락처 정보

(f) 개인정보 수령인 또는 수령인의 범주

(g) 해당되는 경우, 집행위원회의 적절한 결정에 따라 제3국이나 국제기관이 제공하는 보호 조치 하에서 개인정보처리자가 제3국이나 국제기관에 개인정보를 이전하려고 하는 의도

(h) 개인정보가 수집되는 특정한 상황 하에서, 정보주체와 관련된 개인 정보의 공정한 처리를 보증하기 위해 필요한 추가 정보.

정보주체로부터 개인정보가 수집되는 경우, 개인정보처리자 우에서 언급한 정보 외에 개인정보의 제공이 필수적인 것인지 또는 자발적인 것인지에 대한 여부 그리고 이러한 정보를 제공하지 않을 경우의 결과를 정보주체에게 알려야 한다. 개인정보가 정보주체로부터 수집되지 않는 경우, 개인정보처리자는 위에서 언급한 정보 외에 개인정보를 어디에서 수집하였는지를 정보주체에게 알려야 한다.

다음 각 호의 경우 위에서 규정한 책임이 적용되지 않는다.

(a) 정보주체가 위에서 언급한 정보를 이미 가지고 있는 경우
(b) 정보가 정보주체로부터 수집되지 않고, 이러한 정보의 제공이 불가능하거나 불필요한 경우
(c) 정보가 정보주체로부터 수집되지 않고, 법률에서 기록이나 공개를 규정하는 경우
(d) 정보가 정보주체로부터 수집되지 않고, 이러한 정보의 제공이 제21조에 따른 EU 또는 회원국 법률에서 규정한 다른 사람의 권리나 자유를 침해하는 경우(제14조).

⑤ 정보주체의 접근 권리

정보주체는 요청 및 정보주체와 관련된 개인정보가 처리되고 있는지 여부에 관한 확인 등에 대한 정보를 언제든지 개인정보처리자로부터 얻을 권리를 갖고 있다. 이러한 개인정보가 처리되고 있는 경우, 개

인정보처리자는 다음 정보를 제공해야 한다.

(a) 처리 목적
(b) 관련된 개인정보의 종류
(c) 개인정보가 공개되어야 하는 수령인 또는 수령인의 범주, 특히 제 3국에 있는 수령인
(d) 개인정보가 보관되는 기간
(e) 정보주체와 관련된 개인정보의 수정이나 삭제를 요청하거나 이러한 개인 정보의 처리를 반대할 수 있는 권리의 존재 여부
(f) 감독기관에 불만 사항을 제기할 수 있는 권리와 감독기관의 상세 연락처
(g) 처리되고 있는 개인정보와 다른 정보의 수집원에 대한 정보
(h) 제20조에서 언급한 조치를 취하는 경우, 이러한 처리의 중요성 및 이러한 처리로 인해 예상되는 결과

정보주체는 처리되고 있는 개인정보에 대한 정보를 개인정보처리자로부터 얻을 수 있는 권리가 있다. 정보주체가 전자 형식으로 요청을 하는 경우, 정보는 정보주체가 달리 요청하지 않는 한 전자 형태로 제공된다(제15조).

⑥ 수정권

정보주체는 자신과 관련한 부정확한 개인정보를 수정하도록 개인정보처리자에게 요청할 수 있는 권리를 갖고 있다. 정보주체는 수정을 통해 불완전한 개인정보의 완전함을 확인할 수 있는 권리가 있다(제16조).

⑦ 잊혀질 권리 및 삭제 권리

정보주체는 다음 각 사항 중 하나에 해당하는 경우 개인정보처리자에게 개인정보의 삭제를 요구하고 이러한 정보가 더 많이 확산되는 것을 방지할 권리를 가지고 있다.

(a) 정보가 더 이상 수집되거나 처리되는 목적에 필요하지 않는 경우

(b) 정보주체가 제6조 (1)항의 (a)에 따라 이루어지는 처리에 대한 동의를 철회하거나, 동의한 보관 기간이 만료되거나, 정보를 처리할 수 있는 법적 근거가 없는 경우

(c) 정보주체가 제19조(반대할 수 있는 권리)에 따라 개인정보의 처리에 반대하는 경우

(d) 본 규정의 다른 이유를 위반한 정보의 처리

위에서 언급된 개인정보처리자가 개인정보를 공개한 경우, 개인정보처리자는 공개된 정보에 대하여 기술적 조치를 포함한 적절한 조치를 취해야 할 의무를 가진다. 또한 정보주체가 자신의 개인정보에 대한 복사나 복제 또는 링크를 삭제하도록 요청할 경우, 개인정보처리자는 해당 정보를 처리 · 취급하는 제3자에게 관련 사실을 알릴 의무가 있다. 개인정보처리자가 개인정보의 제3자 공개를 인정하는 경우 개인정보처리자는 공개에 대한 책임을 부담하여야 한다.

개인정보처리자는 개인정보의 보유가 필요한 다음의 경우를 제외하고, 이를 지체 없이 삭제해야 한다.

(a) 표현의 자유에 대한 권리를 행사하는 경우

(b) 공중보건 분야에서 공익을 위하는 경우

(c) 역사, 통계, 과학 연구 목적을 위해 필요한 경우

(d) EU 또는 개인정보처리자가 속한 회원국 법률에 의해 개인정보를 보관해야 하는 법적 의무를 준수해야 하는 경우

개인정보처리자는 다음의 경우 개인정보의 삭제 대신에 처리를 제한하여야 한다.

(a) 개인정보처리자가 정보의 정확성을 검증할 수 있는 기간 중 정보주체가 정보의 정확성에 대하여 이의를 제기하는 경우
(b) 개인정보처리자가 업무 수행 중에 개인정보가 더 이상 필요 없지만, 증명 목적을 위해 보관해야 하는 경우
(c) 정보 처리가 불법이고 정보주체가 정보 삭제에 반대하며 사용 제한을 요청하는 경우
(d) 정보주체가 제18조 (2)항에 따라 다른 자동화된 처리 시스템으로 개인정보의 전송을 요청하는 경우

위에서 언급한 보관의 경우를 제외하고 오직 증명의 목적을 위해 필요한 경우, 정보주체의 동의를 얻은 경우, 다른 자연인이나 법인의 권리 보호를 위하여 필요한 경우, 공익을 위한 목적인 경우에만 처리될 수 있다. 개인정보의 처리가 제한되는 경우 개인정보처리자는 처리에 대한 제한을 하기 전에 정보주체에게 이를 알려야 한다. 개인정보처리자는 개인정보 삭제 또는 개인정보 저장에 대한 허용여부의 정기적 검사를 위해 정해진 유효기간을 준수하는지 보증할 수 있는 체계를 이행하여야 한다(제17조).

⑧ 정보 호환성에 대한 권리

개인정보가 전자적 수단에 의해 체계적이고 일반적으로 많이 사용되는 형식으로 처리되는 경우, 정보주체는 일반적으로 많이 사용되고 또 추후에 정보주체가 계속 사용할 수 있도록 전자적이고 체계적인 형식으로 처리되고 있는 정보의 사본을 개인정보처리자로부터 얻을 권리를 갖고 있다.

정보주체가 개인정보를 제공하고 동의나 계약에 따라 정보가 처리되는 경우, 정보주체는 이러한 개인정보와 정보주체가 제공하고 자동화된 처리 시스템이 보관하고 있는 다른 정보를 개인정보를 회수할 수 있는 개인정보처리자의 방해 없이 일반적으로 많이 사용하는 전자형식으로 다른 사람에게 전송할 수 있는 권리를 갖고 있다(제18조).

⑨ 반대할 수 있는 권리

개인정보처리자가 정보주체의 이익과 기본 권리에 우선하는 적법한 처리 근거를 입증하지 않는 한, 정보주체는 자신의 특정한 상황과 관련된 기준에 따라 언제든지 개인정보의 처리에 반대할 수 있는 권리를 갖고 있다.

개인정보가 다이렉트 마케팅(direct marketing)을 위해 처리되는 경우 정보주체는 비용 부담 없이 자신의 개인정보가 이러한 마케팅을 위해 처리되는 것에 반대할 수 있는 권리를 갖고 있다. 이러한 권리는 명확한 방식으로 정보주체에게 분명하게 제시되어야 하며, 다른 정보와 뚜렷이 구별되어야 한다. 이러한 반대가 인정되는 경우 개인정보처리자는 해당되는 개인정보를 더 이상 사용하거나 처리할 수 없다(제19조).

6) 개인정보처리자의 의무

① 개인정보처리자의 책임

개인정보처리자는 개인정보의 처리가 규정을 준수하여 수행된다는 것을 보증하고 입증할 수 있도록 정책을 채택하고 적절한 조치를 이행해야 한다. 위에서 규정한 조치에는 다음이 포함된다.

(a) 문서의 보관

(b) 정보보안 요건의 이행

(c) 정보보호 영향평가의 이행

(d) 감독기관의 사전 승인이나 사전 자문을 위한 요건 준수

(e) 정보보호 담당자 지정

개인정보처리자는 위에서 언급한 조치의 효과를 검증할 수 있는 장치를 이행해야 한다. 비례성의 원칙에 따라, 이러한 검증은 독립적인 내부 또는 외부 감사가 수행해야 한다(제22조).

② 설계 및 초기 설정 별 정보보호

이행 현황 및 비용과 관련하여 개인정보처리자는 처리 기준을 결정할 때와 처리를 실행할 때, 모든 처리 방식이 본 규정의 요건을 충족하고 정보주체의 권리를 보증하는 방식으로 적절하고 기술적이고 체계적인 기준과 절차를 이행해야 한다. 개인정보처리자는 정보의 양 및 보관 기간과 관련하여 개인정보가 초기 설정 상태에서 특정한 처리 목적에 맞게 처리되고 이러한 목적의 범위를 넘어 수집되거나 보관되지 않도록 하는 장치를 실행해야 한다. 특히 이러한 장치는 개

인정보가 초기 설정 상태에서 무수히 많은 사람들에게 접근 가능하게 되지 않도록 해야 한다(제23조).

③ 공동 개인정보처리자

개인정보처리자가 다른 사람과 함께 개인정보 처리 목적, 조건, 수단을 결정하는 경우 공동 개인정보처리자 각각은 본 규정에 따른 의무, 특히 이들 사이의 협정에 따라 정보주체의 권리를 행사하는데 필요한 절차 및 장치에 대한 의무를 준수해야 하는 책임을 갖고 있다(제24조).

④ 개인정보취급자

개인정보처리자를 대신하여 처리 공정이 이루어지는 경우, 개인정보처리자는 이 처리 공정이 본 규정의 요건을 충족하고 정보주체의 권리를 보호하는 방식으로 기술적 및 체계적인 기준 특히, 수행되어야 하는 처리와 관련된 기술적 및 체계적인 보안기준을 적절하게 이행한다는 것을 충분히 보증할 수 있는 개인정보취급자(processor)를 선정해야 하며, 또 이러한 기준을 준수한다는 것을 보증해야 한다. 개인정보취급자가가 처리를 하는 경우 계약이나 개인정보취급자에게 의무를 부담시키는 법률적 행위에 기초하여야 하며 다음과 같이 처리되도록 규정해야 한다.

(a) 개인정보처리자의 지시에 따라서 일을 처리하며, 특히 개인정보의 이전이 금지되는 경우에는 반드시 개인정보처리자의 지시에 따른다.
(b) 비밀리 일을 처리하고, 비밀 준수 규정을 지켜야 하는 직원만을 고용한다.

(c) 제30조에 따라 요구되는 모든 조치를 취한다.
(d) 처리자의 사전 동의를 얻은 후에만 다른 개인정보취급자와 협력한다.
(e) 정보주체의 권리 행사 요청에 대응해야 하는 개인정보처리자의 의무 이행을 위해 필요한 기술적 및 체계적인 요건을 정한다.
(f) 제30조 내지 제34조에 따른 의무 규정의 준수를 보증하도록 개인정보처리자를 지원한다.
(g) 처리가 끝난 후에는 모든 결과를 개인정보처리자에게 넘겨주고, 이외 다른 개인정보를 처리하지 않는다.
(h) 규정한 의무 규정의 준수를 감독하는데 필요한 모든 정보를 개인정보처리자 및 감독기관에게 제공한다.

개인정보처리자와 개인정보취급자는 개인정보처리자의 지시 사항과 처리자의 의무를 서면으로 문서화해야 한다. 개인정보취급자가 개인정보처리자가 지시하지 않은 개인정보를 처리하는 경우 개인정보취급자는 이러한 처리와 관련하여 개인정보처리자로 간주되며 공동 개인정보처리자에 대한 규정이 적용된다(제26조).

⑤ 증거 서류

모든 개인정보처리자와 개인정보취급자 그리고 해당되는 경우 개인정보처리자의 대리인은 자신이 책임을 지고 있는 모든 처리 공정을 문서로 만들어 보관해야 한다. 이 문서에는 최소한 다음 정보가 포함되어야 한다.

(a) 개인정보처리자, 공동 개인정보처리자, 또는 개인정보취급자, 그리고 해당되는 경우 대리인의 이름과 상세 연락처

(b) 해당되는 경우 정보보호 담당자의 이름과 상세 연락처
(c) 개인정보처리자가 추구하는 적법한 이익을 포함한 처리의 목적
(d) 정보주체의 범주 및 이들과 관련된 개인정보의 범주에 대한 설명
(e) 적법한 이익을 위해 개인정보가 공개되는 개인정보처리자를 포함한 개인정보의 수령인 또는 수령인의 범주
(f) 제3국 또는 국제기관으로의 정보 이전, 제3국 또는 국제기관에 대한 정보, 적절한 안전장치에 관한 자료
(g) 다양한 범주의 정보 삭제에 대한 시간 제한

개인정보처리자와 개인정보취급자 그리고 해당되는 경우 개인정보처리자의 대리인은 요청을 받을 경우 감독기관에게 증거 문서를 제공해야 한다. 위에서 언급한 의무 규정은 다음의 개인정보처리자와 개인정보취급자에게는 적용되지 않는다(제28조).

(a) 상업적 이익을 추구하지 않고 개인정보를 처리하는 자연인
(b) 주된 업무의 부수적인 활동으로써만 개인정보를 처리하고, 직원 수가 250명 미만인 기업이나 단체

7) 정보 보안

① 처리 보안

개인정보처리자와 개인정보취급자는 처리 상태 및 비용과 관련하여 처리로 인해 발생하는 위험과 보호되어야 하는 개인정보의 성질로 인해 발생하는 위험에 대한 적절한 보안 수준을 보증하기 위한 기술적이고도 체계적인 조치를 취해야 한다. 개인정보처리자와 개인정보취

급자는 위험에 대한 평가를 한 후 우연적인 또는 불법적인 파괴 또는 우연적인 손실 등으로부터 개인정보를 보호하기 위해 또 불법적인 형태의 처리, 특히 개인정보의 승인받지 않은 공개, 유포, 접근 또는 수정 등을 방지하기 위해 위에서 언급한 조치를 취해야 한다.

집행위원회는 필요한 경우 위에서 정한 요건을 규정하기 위한 이행 법안을 채택할 수 있다(제30조).

(a) 개인정보에 대한 불법 접근 방지

(b) 개인정보의 불법 공개, 열람, 복사, 수정, 삭제, 제거

(c) 처리 공정의 적법성에 대한 검증 보증

② 감독기관에 대한 개인정보 침해 통지

개인정보가 침해된 경우 개인정보처리자는 이를 알게 된 후부터 24시간 이내에 지체 없이 이러한 개인정보 침해 사실을 감독기관에게 통지해야 한다. 감독기관에 24시간 이내에 통지되지 않는 경우에는 이에 대한 합당한 이유를 통지에 포함시켜야 한다. 개인정보취급자는 개인정보의 침해가 이루어진 후 즉시 개인정보처리자에게 이를 통지해야 한다. 위에서 언급한 통지에는 최소한 다음이 포함되어야 한다.

(a) 관련된 정보주체의 범주 및 수와 관련된 정보 기록의 범주 및 수를 포함한 개인정보 침해의 특성에 대한 설명

(b) 정보보호 담당자의 신원 및 상세 연락처 그리고 더 많은 정보를 얻을 수 있는 경우에는 다른 사람의 신원 및 이의 상세 연락처

(c) 개인정보 침해의 부정적인 효과를 완화하기 위해 권고되는 조치

(d) 개인정보 침해로 인해 발생하는 결과에 대한 설명

(e) 개인정보 침해 문제를 처리하기 위해 개인정보처리자가 제안한 또는 취한 조치에 대한 설명

개인정보처리자는 개인정보 침해를 문서화해야 하는데, 여기에는 침해 사실 및 그 효과와 이에 대해 취한 조치 등이 포함되어야 한다. 이 문서는 감독기관이 이를 통해 규정의 준수 여부를 확인할 수 있도록 작성되어야 한다. 문서에는 이러한 목적에 필요한 정보만을 포함해야 한다(제31조).

③ 정보주체에 대한 개인정보 침해 통지

개인정보 침해가 개인정보의 보호나 정보주체의 정보보호에 부정적인 영향을 미칠 것으로 예상되는 경우, 개인정보처리자는 제31조에서 언급한 통지를 한 후 지체 없이 개인정보 침해 사실을 정보주체에게 알려야 한다. 위에서 언급한 정보주체에 대한 통지에서는 개인정보 침해의 성격에 대한 설명과 제31조 (3)항의 (b) 및 (c)에 따라 제공한 정보 및 권고 사항이 포함되어 있어야 한다.

개인정보처리자가 기술적인 보호 조치를 적절하게 취하고 이러한 조치가 침해 받은 정보에 적절히 적용되었다는 것을 감독기관이 만족할 수 있도록 입증하는 경우, 개인정보 침해 사실을 정보 주체에 알리지 않아도 된다. 이러한 기술적 보호 조치는 정보에 접근할 수 없는 사람들이 해당 정보를 알아 볼 수 없도록 하는 것을 의미한다.

개인정보처리자가 개인정보 침해 사실을 침해 받은 정보주체에게 아직 통지하지 않은 경우, 개인정보 침해 사실을 정보주체에 통지해야 하는 개인정보처리자의 의무를 침해함 없이, 감독기관은 침

해로 인해 예상되는 부정적인 효과를 고려하여 이와 같은 통지를 하도록 개인정보처리자에게 요구할 수 있다(제32조).

8) 정보보호 영향평가

① 정보보호 영향평가

처리의 특성, 범위, 목적 등으로 인해 처리 공정 중 정보주체의 권리와 자유가 위협 받는 경우, 개인정보처리자 또는 개인정보취급자는 예상되는 처리 공정이 개인정보의 보호에 미치는 영향에 대한 평가를 해야 한다. 특히 다음 처리 공정이 위에서 언급한 위험을 유발하는 경우이어야 한다.

(a) 자연인과 관계된 개인적 특성에 대한, 또는 자동화된 처리 공정에 기초하는, 그리고 개인과 관련하여 법률적 효과를 유발하는, 또는 개인에 큰 영향을 미치는 기준이 기초하는 자연인의 경제적 상황, 위치, 건강, 개인적 선호, 신뢰, 행동 등을 분석하거나 예측하기 위한 체계적이고도 광범위한 평가

(b) 특정한 개인을 대상으로 대규모의 조치를 취하거나 결정을 내리기 위해 정보가 처리되는 경우, 성생활, 건강, 인종, 출신 민족에 대한 또는 건강 보험, 전염병 연구, 정신병 또는 전염병에 대한 연구를 위해 제공되는 정보

(c) 공개적으로 접근 가능한 지역을 감시하는 경우로, 특히 광전자 장치(비디오 감시 카메라)를 대규모로 사용하는 경우

(d) 어린이, 유전자 정보, 생체 인식 정보 등에 대한 대규모의 파일링시스템(filing system)에 있는 개인정보

이 평가에는 예상되는 처리 공정에 대한 설명, 정보주체의 권리 및 자유에 대한 위협, 위험을 처리하기 위해 예상되는 조치, 정보주체 및 관련된 다른 사람의 정당한 권리와 이익을 고려하면서 개인정보의 보호를 보증해 주고 본 규정의 준수를 입증해 줄 수 있는 안전장치, 보안 조치, 장치 등이 포함되어야 한다. 개인정보처리자는 상업적 이익이나 공공의 이익 보호 또는 처리 공정의 보안을 침해함 없이, 의도하는 처리에 대한 정보주체 또는 정보주체 대리인의 의견을 항상 들어야 한다(제33조).

② 사전 승인 및 자문

본 규정에 따라 처리 공정을 이행하기 위해, 그리고 개인정보처리자나 개인정보취급자가 계약 조항을 채택하거나 제3국 또는 국제 관에게 개인정보를 이전하면서 적절한 안전장치를 제공하지 않는 경우, 정보주체가 관련된 위험을 완화시키기 위해 개인정보처리자와 개인정보취급자는 경우에 따라 개인정보의 처리 전에 감독기관으로부터 사전 승인을 받아야 할 수 있다.

개인정보처리자나 개인정보취급자는 본 규정에 따라 처리 공정이 이루어지는지 여부를 보증하고, 다음의 경우 정보주체가 관련된 위험을 완화하기 위해 개인정보의 처리 전에 감독기관으로부터 자문을 받아야 한다.

(a) 제33조에서 언급한 정보보호 영향평가 결과, 처리 공정이 그 특성, 범위, 목적으로 인해 높은 수준의 위험을 유발할 것으로 나타나는 경우
(b) 감독기관이 그 특성, 범위, 목적으로 인해 정보주체의 권리와 자유에

구체적인 위험을 유발할 것으로 보이는 처리 공정에 대해 사전에 자문을 받아야 한다고 간주하는 경우

계획된 처리 공정이 본 규정을 준수하지 않거나 위험이 충분하게 확인되지 않거나 완화되지 않는다고 감독기관이 판단하는 경우, 감독기관은 계획된 처리 공정을 금지하고, 이를 수정하기 위한 적절한 제안을 제시해야 한다. 감독기관은 사전 자문이 필요한 처리 공정에 대한 리스트를 만들어 공개하고, 이를 유럽정보보호위원회(European Data Protection Board)에 제출해야 한다.

개인정보처리자나 개인정보취급자는 감독기관에게 제33조에서 언급한 정보보호 영향평가를 제공하고, 요청이 있을 경우에는 처리 공정이 규정을 준수하는지 여부와 정보주체의 개인정보 보호에 대한 위험 및 관련된 안전장치에 대한 평가를 감독기관이 할 수 있도록 해주는 다른 정보를 제공해야 한다. 회원국은 계획된 처리 공정이 본 규정을 준수하고 정보주체가 관련된 위험을 완화시켜준다는 것을 보증하기 위해, 처리 공정의 특성을 규정해 주고 각국 의회가 채택해야 하는 입법 수단 또는 이러한 입법 수단에 기초하는 특정 수단을 마련하는 과정에서 감독기관의 자문을 받아야 한다(제34조).

9) 윤리 규범 및 인증

① 윤리 강령

본 규정의 적절한 적용에 기여하기 위해 회원국, 감독기관, 집행위원회는 여러 가지 정보 처리 부문, 특히 다음과 관련한 특성을 고려하여 윤리 강령(code of conduct)을 만들도록 장려해야 한다.

(a) 공정하고 투명한 정보 처리

(b) 정보 수집

(c) 일반 대중 및 정보주체의 정보

(d) 정보주체의 권리 행사 요청

(e) 어린이 정보 및 이의 보호

(f) 제3국 또는 국제기관으로의 정보 이전

(g) 관련된 개인정보처리자의 규범 준수 보증 및 감독을 위한 장치

(h) 정보주체의 권리를 침해함 없이, 개인정보의 처리와 관련된 개인정보처리자와 정보주체 사이의 분쟁 해결을 위한 화해 절차 및 기타 논쟁 해결 절차

윤리 강령을 만들거나 기존의 규범을 수정하거나 확대하려고 하는 회원국의 개인정보처리자나 개인정보취급자의 범주를 대표하는 협회와 기타 단체는 해당 회원국 감독기관의 의견을 반영해야 한다. 감독기관은 윤리 강령이나 수정안 초안이 본 규정을 준수하는지 여부에 대한 의견을 제공할 수 있다. 감독기관은 이러한 초안에 정보주체나 정보주체의 대리인의 의견을 반영해야 한다(제38조).

② 인증

회원국과 집행위원회는 특히 유럽 차원에서 개인정보처리자와 개인정보취급자가 제공한 정보보호 수준을 신속하게 평가할 수 있도록 정보보호 인증장치와 정보보호 인장(seal) 및 표시를 사용하도록 권장해야 한다. 정보보호 인증장치는 여러 부문의 특성과 다양한 처리 공정을 고려하면서 본 규정을 적절하게 적용하는데 기여해야 한다(제39조).

10) 개인정보 국외이전

① 일반 원칙

제3국이나 국제기관으로 이전된 후 처리되고 있거나 처리될 예정인 개인정보의 이전은 이 지침의 다른 조항과 함께 본 장에서 규정된 조건을 개인정보처리자와 개인정보취급자가 충족하는 경우 가능하다.

② 적법성 결정에 따른 이전

집행위원회가 제3국 또는 국제기관 등이 적절한 수준의 보호를 보증하고 있다고 판단하는 경우 이전이 가능하다. 이러한 이전에 추가 승인이 필요하지는 않다. 보호 수준의 적합성을 평가할 때 집행위원회는 다음 요소를 고려하여야 한다.

(a) 법률 규정, 일반적으로 또는 부문별로 시행 중인 공공의 안녕, 국방, 국가안보, 형법 등과 관련된 것을 포함한 관련 법률, 해당 국가 또는 해당 국제기관에서 준수해야 하는 관련 법률 및 보안 조치, 정보주체, 특히 개인정보가 이전되는 EU에 거주하는 정보주체에 대한 효과적인 행정 및 사법적 시정을 포함한 효과적이고도 실행 가능한 권리

(b) 정보보호 규정의 준수, 권리를 행사하는 정보주체에 대한 지원 및 통지, EU 및 회원국 감독기관과의 협력 등에 책임이 있는 하나 이상의 제3국의 독립적인 감독기관이나 해당되는 국제기관의 존재 및 효율적 역할

(c) 해당되는 제3국이나 국제기관이 체결한 국제 협약

집행위원회는 제3국 또는 국제기관이 위에서 언급한 적절한 수준의 보호를 보증하지 않는지 여부를 결정할 수 있으며, 정보주체, 특

히 개인정보가 이전되는 EU에 거주하는 정보주체를 위한 효과적인 행정 및 사법적 시정 조치를 포함하여, 제3국이나 국제기관에서 일반적 또는 부문별로 시행 중인 적절한 법률이 효과적이고 실행 가능한 권리를 보증하지 않는지 여부를 결정할 수 있다. 집행위원회는 적절한 수준의 보호를 보증하는지 여부를 결정한 제3국 또는 국제기관의 목록 등을 『유럽연합공보(Official Journal of the European Union)』에 공개해야 한다(제41조).

③ 적절한 안전장치에 의한 이전

집행위원회가 제41조에서 언급한 결정을 하지 않는 경우, 개인정보처리자나 개인정보취급자가 법률적으로 구속력을 가진 방법을 통해 개인정보의 보호에 대한 적절한 안전장치를 제시하는 경우에만 개인정보처리자나 개인정보취급자가 개인정보를 제3국이나 국제기관으로 이전할 수 있다. 위에서 언급한 적절한 안전장치는 다음과 같다.

(a) 제43조에 따른 구속력 있는 기업규칙
(b) 집행위원회가 채택한 표준정보보호조항
(c) 집행위원회가 유효하다고 인정하는 경우, 일관성 보장 장치(consistency mechanism)에 따라 감독기관이 채택한 표준정보보호조항
(d) 제4항에 따라 감독기관이 승인한 개인정보처리자 또는 개인정보취급와 정보 수령인 사이의 계약 조항

표준정보보호조항이나 구속력 있는 기업규칙에 기초하여 이전하는 경우 추가 승인이 필요하지 않다. 하지만 계약 조항에 기초하여 이전하는 경우 개인정보처리자나 개인정보취급자는 감독기관으로부터

계약 조항에 대해 사전 승인을 받아야 한다. 이전이 상대방 회원국이나 다른 회원국에 거주하는 정보주체와 연관된 처리 활동과 관련되거나 EU 내에서 개인정보의 자유로운 이전에 큰 영향을 미치는 경우, 감독기관은 제57조에서 언급한 일관성 보장 장치를 적용해야 한다.

개인정보의 보호와 관련된 적절한 안전장치가 법률적으로 구속력이 있는 방법으로 제공되지 않는 경우 개인정보처리자 또는 개인정보취급자는 이전에 대한 이유를 제시하면서 이전 또는 일련의 이전에 대한 또는 행정 협정에 이러한 규정을 포함시키는 것에 대한 사전 승인을 받아야 한다. 감독기관의 이러한 사전 승인은 제34조 (1)항의 (a)에 따라 이루어져야 한다. 이전이 상대방 회원국이나 다른 회원국에 거주하는 정보주체와 연관된 처리 활동과 관련되거나 EU 내에서 개인정보의 자유로운 이전에 큰 영향을 미치는 경우, 감독기관은 제57조에서 언급한 일관성 보장 장치를 적용해야 한다(제42조).

④ 구속력 있는 기업규칙에 의한 이전

구속력 있는 기업규칙이 다음 조건을 충족하는 경우 감독기관은일관성 보장 장치에 따라 이를 승인해야 한다(제43조).

(a) 법적으로 구속력 있고 개인정보처리자 또는 개인정보취급자의 사업체 집단 내의 피고용인을 포함한 모든 구성원에게 적용되고 이들에 의해 시행되며

(b) 정보주체에 대해 실행 가능한 권리를 명시적으로 부여하고

(c) 제2항에서 언급한 요건을 충족하는 경우

구속력 있는 기업규칙은 최소한 다음을 명시하여야 한다.

(a) 사업체 집단 및 이들 구성원의 구조 및 상세 연락처

(b) 정보 이전 또는 일련의 정보 이전, 개인정보의 범주, 처리 유형 및 목적, 영향 받는 정보주체의 유형, 해당되는 제3국에 대한 정보

(c) 국내외적으로 법적 구속력 있는 성질

(d) 일반적인 정보보호 원칙, 특히 목적에 대한 제한, 정보 품질, 처리에 대한 법률적 근거, 민감한 개인정보의 처리 공정, 정보보안을 보증하기 위한 조치, 정책의 적용을 받지 않는 기관에 이전하기 위한 요건

(e) 정보주체의 권리, 이들의 권리를 행사하기 위한 수단, 제20조에 따른 프로파일링에 기초한 조치에 적용되지 않을 권리, 제75조에 따라 관련 감독기관과 해당 회원국 법정에 민원을 제기할 수 있는 권리, 시정을 받을 권리, 구속력 있는 기업규칙의 침해로 인한 보상을 받을 권리

(f) EU 내에 설립되지 않은 사업체 집단 구성원에 의한 구속력 있는 기업규칙의 침해에 대한 책임의 회원국의 영토에 설립된 개인정보처리자나 개인정보취급자에 의한 수락, 개인정보처리자나 개인정보취급자는 이 구성원이 손해를 발생시키는 것에 대한 책임이 없다는 것을 개인정보처리자나 개인정보취급자가 입증할 경우 이러한 책임으로부터 면제될 수 있다.

(g) 구속력 있는 기업규칙에서 언급한 규정에 대한 정보가 제11조에 따라 정보주체에 제공되는 방법

(h) 구속력 있는 기업규칙의 준수 여부에 대한 사업체 집단 내에서의 감시, 교육 및 불만 처리 감시를 비롯한 제35조에 따라 지정된 정보보호 담당자의 역할

(i) 구속력 있는 기업규칙의 준수를 보증하기 위한 사업체 집단 내의 장치

(j) 변경 사항을 정책에 반영 및 기록하고, 감독기관에 이러한 변경 사항을 보고하는 장치

(k) 사업체 집단 구성원의 준수를 보증하기 위한 감독기관과의 협력 메커니즘, 특히 본 항의 (i)에서 언급한 조치의 검증 결과를 감독기관에 보고하는 장치

⑤ 부분적 수정

제41조에 따른 적법한 결정이나 제42조에 따른 안전장치가 없는 경우 제3국이나 국제기관으로의 개인정보 이전 또는 일련의 이전은 다음의 조건을 충족하는 경우에만 가능하다.

(a) 정보주체가 적법한 결정이나 적절한 안전장치의 부재로 인해 발생할 수 있는 이전의 위험에 대해 통지를 받은 후 제안된 이전에 동의하는 경우

(b) 정보주체와 개인정보처리자 사이에서의 계약 이행을 위해 또는 정보주체의 요청에 의해 취해진 계약 전 사전 조치의 이행을 위해 이전을 해야 하는 경우

(c) 정보주체의 이익을 위해 개인정보처리자와 다른 자연인 또는 법인 사이에서 체결된 계약의 이행을 위해 이전을 해야 하는 경우

(d) 공공의 이익을 위해 이전이 필요한 경우

(e) 법률 소송의 구성, 행사, 방어를 위해 이전이 필요한 경우

(f) 정보주체가 물리적으로 또는 법률적으로 동의를 할 수 없는 경우, 정보주체 또는 다른 사람의 주요한 이익을 보호하기 위해 이전이 필요한 경우

(g) EU 또는 회원국 법률에 따라 일반 대중에 정보를 제공하기 위해 그

리고 일반 대중 또는 정당한 이익을 입증할 수 있는 사람에 의한 협의를 위해 EU 또는 회원국 법률에서 규정한 조건이 충족되는 한도 내에서 공개되는 기록부(register)로부터 이전되는 경우

(h) 개인정보처리자나 개인정보취급자가 정보 또는 일련의 정보 이전 공정과 관련된 모든 상황을 평가하고 이러한 평가에 기초하여 개인정보의 보호를 위해 적절한 안전장치를 제시하는 경우로써, 개인정보처리자나 개인정보취급자가 추구하는 정당한 이익의 목적을 위해 이전되는 경우

제1항의 (g)에 따른 이전에는 개인정보의 전체 또는 기록부에 포함된 개인정보 전체 범주를 포함하지 않는다. 기록부가 정당한 이익을 갖고 있는 사람을 위한 협의 목적으로 만들어진 경우, 이전은 이 사람들이 요청하는 경우 또는 이들이 이전의 수령인인 경우에만 이루어질 수 있다. 처리가 제1항의 (h)에 기초하여 이루어지는 경우 개인정보처리자나 개인정보취급자는 정보의 성질, 제안된 처리 공정의 목적 및 기간, 정보 생성지(country of origin), 최종 목적지 국가, 개인정보의 보호와 관련되어 제시된 적절한 안전장치를 제시하영 한다. 개인정보처리자나 개인정보취급자는 제28조에서 언급된 문서에 제44조 제1항 (h)에서 언급되고 제시된 적절한 안전장치와 평가 관련 사항을 포함시켜야 하고, 정보 이전에 대해 감독기관에 통지해야 한다(제44조).

⑥ 국제 협력

제3국 및 국제기관과 관련하여 집행위원회와 감독기관은 다음을 위

한 적절한 조치를 취해야 한다(제45조).

(a) 개인정보 보호를 위한 법률 실행을 용이하게 하기 위한 효과적인 국제 협력 장치 개발

(b) 개인정보와 기타 기본 권리 및 자유의 보호를 위한 안전장치를 통해 통지, 민원 공개, 조사 지원, 정보 교환 등을 포함하여 개인정보의 보호를 위한 법률을 시행할 때 국제적인 상호 지원 제공

(c) 개인정보 보호를 위한 법률 실행 시의 국제 협력을 위한 논의 및 활동에 이해관계인 포함

(d) 개인정보 보호 법률 및 관행의 교환 및 문서화 촉진

11) 구제 및 제재

① 감독기관에 대한 불만 제기 권리

다른 행정적 또는 사법적 구제를 침해함 없이 모든 정보주체는 자신과 관련된 개인정보의 처리가 본 규정을 준수하지 않는다고 판단되는 경우, 회원국의 감독기관에 불만을 제기할 수 있는 권리를 갖고 있다. 개인정보의 보호와 관련된 정보주체의 권리와 이익을 보호한다는 목적을 가진 그리고 회원국 법률에 따라 적절하게 구성된 기관, 단체, 협회는 본 규정에 따른 정보주체의 권리가 개인정보 처리 결과로 인해 침해 받았다고 판단되는 경우, 하나 이상의 정보주체를 대신하여 회원국의 감독기관에 불만을 제기할 수 있는 권리를 갖고 있다. 정보주체의 불만과는 별도로 위에서 언급한 단체, 기관, 협회는 개인정보의 침해가 발생하였다고 판단되는 경우, 회원국 감독기관에 불만을 제기할 수 있는 권리를 갖고 있다(제73조).

② 감독기관에 대한 사법적 구제 권리

자연인 또는 법인은 자신과 관련된 감독기관의 결정에 대해 사법적 구제를 받을 권리를 갖고 있다. 감독기관이 정보주체의 권리를 보호하는데 필요한 결정을 하지 않는 경우 또는 감독기관이 불만 사항의 처리 상황이나 처리 결과에 대해 3개월 이내에 정보주체에게 알리지 않는 경우, 각 정보주체는 감독기관이 불만 사항을 강제로 처리하도록 할 수 있는 사법적 구제를 받을 권리를 갖고 있다. 감독기관에 대한 소송은 감독기관이 설립된 회원국 법정에 제기되어야 한다. 정보주체가 거주하는 회원국이 아닌 다른 회원국 감독기관의 결정에 의해 영향을 받는 정보주체는 자신이 거주하는 회원국 감독기관에게 다른 회원국에 있는 관련 감독기관에 대한 소송을 대신 제기해 주도록 요청할 수 있다(제74조).

③ 개인정보처리자에 대한 사법적 구제 권리

자신의 개인정보 처리가 본 규정에 부합되지 않게 처리되어 자신의 권리가 침해 받았다고 판단되는 경우, 제73조에서 언급한 감독기관에 대해 불만을 제기할 수 있는 권리를 포함해 가능한 행정적 구제를 침해함 없이, 모든 자연인은 사법적 구제를 받을 권리를 갖고 있다. 개인정보처리자나 개인정보취급자에 대한 소송은 개인정보처리자나 개인정보취급자가 사업장을 두고 있는 회원국 법정에 제기되어야 한다. 또는 개인정보처리자가 공권력을 행사하는 공공기관인 경우 이러한 소송은 정보주체가 거주하는 회원국 법정에 제기될 수도 있다(제75조).

④ 보상 및 책임

불법적인 정보 처리 공정이나 본 규정의 불이행으로 인해 손해를 입은 사람은 손해에 대해 개인정보처리자나 개인정보취급로부터 보상을 받을 권리가 있다. 소송에 하나 이상의 개인정보처리자나 개인정보취급자가 관련된 경우 각 개인정보처리자나 개인정보취급자는 공동으로 그리고 별개로 전체 손해액에 대한 책임을 부담해야 한다. 하지만 개인정보처리자나 개인정보취급자가 손해를 발생시킨 행위에 대해 책임이 없다는 것을 입증하는 경우 개인정보처리자나 개인정보취급자는 이러한 책임으로부터 전체 또는 부분적으로 면제될 수 있다(제77조).

⑤ 처벌

회원국은 개인정보처리자가 대리인을 지정해야 하는 의무를 이행하지 않는 경우를 포함하여 본 규정 위반에 대해 적용할 수 있는 처벌에 관한 규정을 정해야 하며, 회원국이 모든 규정을 이행한다고 보증하는데 필요한 모든 조치를 취해야 한다. 규정된 처벌은 효과적이고 비례적이어야 하며, 추후 이 같은 위반을 억제할 수 있어야 한다. 개인정보처리자가 대리인을 지정하는 경우 개인정보처리자에게 제기될 수 있는 어떠한 처벌도 침해함 없이 모든 처벌은 대리인에게도 부과되어야 한다(제78조).

⑥ 행정 제재

각 감독기관은 본 규정에 따라 행정 제재(administrative sanction)를 부과할 수 있는 권한이 있다. 행정 제재는 효과적이고 비례적이어야 하며, 추후 이 같은 위반을 억제할 수 있어야 한다. 과징금(administrative fine)의 액수는 위반의 성질, 위험, 기간, 침해가 고의적인지 또는 부주의에 따른 것인지에 대한 여부, 자연인 또는 법인의 책임 정도 및 이 사람이 이전에도 위반을 행했는지 여부와 그 책임 정도, 제23조에 따라 이행된 기술적 및 조직적 차원에서의 조치 및 절차, 위반을 시정하기 위한 감독기관과의 협력 정도 등에 따라 달리 결정된다.

본 규정을 처음 또는 의도하지 않게 위반한 경우로써 다음의 경우에는 서면 경고가 주어지고, 제재는 부과되지 않는다.

(a) 자연인이 상업적 이익의 추구 없이 개인정보를 처리하는 경우

(b) 고용된 직원의 수가 250명 미만인 기업이나 단체가 주된 활동에 대한 부수적인 활동으로써 개인정보를 처리하는 경우

고의나 부주의의 정도에 따라 인당 최고 25만 유로에서 백만 유로까지, 기업당 연간 전세계 매출의 최고 0.5%에서 2%까지 과징금을 부과한다.

12) 특정 정보 처리

① 개인정보 처리와 표현의 자유

회원국들은 언론 보도 목적으로 수행되는 또는 표현의 자유에 대한 규정이 적용되는 개인정보 보호 권리를 지키면서 예술 또는 문학적 표현 목적으로 수행되는 개인정보 처리를 위해, 일반 원칙, 정보주체의 권리, 개인정보처리자 및 개인정보취급자, 개인정보 국외이전, 독립적인 감독기관, 협력 및 일관성 보증 등에 대해 예외나 부분수정을 제공해야 한다(제80조).

② 건강 개인정보 처리

규정의 범위 내에서 그리고 제9조 (2)항에 따라, 건강과 관련된 개인정보의 처리는 정보주체의 정당한 이익과 다음 사항을 보호하기 위한 적절하고도 구체적인 기준을 제공해주는 EU 또는 회원국 법률에 기초하여야 한다.

(a) 업무상 비밀 의무를 준수해야 하는 건강 전문가나 회원국 법률 또는 국내 관련 기관에서 제정한 규정을 준수해야 하는 다른 사람이 정보를 처리하는 경우로써, 예방 의학 또는 직업병 의학, 의학 진단, 치료, 처치, 건강 서비스의 관리 등을 위한 목적

(b) 국가들 사이에서의 건강 위협에 대한 보호나 의약품 및 의료용품의 품질이나 안전에 대한 높은 품질 보증 등과 같은 공공 건강 분야에서의 공공의 이익

(c) 사회적 보호, 특히 건강 보험 시스템에서의 혜택과 서비스에 대한 분쟁을 해결하는데 사용하는 절차의 비용 효율성 등의 분야와 관련된 공공의 이익과 같은 이유

진단법 개선 및 유사한 종류의 질병 사이에서의 구별, 치료를 위한 연구 준비 등과 같은 역사, 통계, 과학 연구 목적에 필요한 건강 관련 개인정보의 처리는 제83조에서 언급한 조건과 안전장치 등을 준수하며 이루어져야 한다(제81조).

③ 고용 관련 처리

규정의 범위 내에서 회원국들은 법률에 의해 고용과 관련된, 특히 채용, 법률 또는 단체 계약을 통해 규정된 의무의 면제, 업무의 관리, 계획 및 구성, 근로 장소에서의 건강 및 안전과 같은 고용 계약

의 이행 등과 관련된, 그리고 개별적으로 또는 집단적으로 고용과 관련된 권리 및 혜택의 행사 및 향유를 위해, 또 고용 관계를 종결시키기 위해 피고용인의 개인정보 처리를 규정하는 특정한 규정을 채택할 수 있다(제82조).

④ 역사, 통계, 과학 연구 목적의 처리

개인정보는 다음의 경우 본 규정의 범위 내에서 역사, 통계, 연구 목적으로 처리될 수 있다(제83조).

(a) 정보주체의 신원 확인을 허용하지 않거나 더 이상 허용하지 않는 정보 처리를 통해서는 이러한 목적이 달성되지 않는 경우

(b) 정보주체의 신원을 확인해 주는 또는 확인 가능하게 해주는 정보가 다른 정보와 분리되어 별도로 보관되는 경우로써 이러한 방법을 통해 이들 목적이 달성되는 경우

역사, 통계, 과학 연구를 수행하는 기관은 다음의 경우에만 개인정보를 공개할 수 있다.

(a) 제7조에서 규정한 조건에 따라 정보주체가 동의하는 경우

(b) 정보주체의 이익, 기본 권리, 자유 등이 이러한 이익에 배치되지 않는 경우로써 연구 결과를 제시하기 위해 또는 연구를 용이하게 하기 위해 필요한 경우

(c) 정보주체가 정보를 이미 공개한 경우

CHAPTER 06

프라이버시 미래

6.1 정부규제의 강화

IT의 급속한 발전으로 사이버스페이스가 탄생하였다. 사이버스페이스는 우리에게 이전에 상상할 수 없었던 장미빛 공간을 제공하기도 하지만 프라이버시가 여지없이 침해되는 암흑의 공간으로 전락하기도 한다. 이제 우리가 직면한 긴급한 과제는 이러한 프라이버시 보호를 위해서 시장규제와 정부규제 중에서 어떤 방안을 선택하는 것이 우리사회의 실정에서 정당하고 효율적인가의 문제이다.

개인정보의 이용에 관련된 경제적 논의와 기술이 근본적으로 변하면서 개인정보의 이용을 규율하는 제도 또는 메커니즘도 변하지 않을 수 없게 되었다. 오늘날 개인정보의 보호는 대다수 산업전반에 걸쳐서 제기되고 있다. 예컨대, 의료데이터의 정보, 신용내역, 금융거래, 장거리 통신통화, 인터넷 화면보기, 비디오테이프 대여, 인터넷 서비스의 제공, 통신판매에 의한 구매 등이 있다.

순수한 시장모델은 두 가지 점에서 기업의 프라이버시 보호정책을 변화시킬 수 있다. 하나는 소비자의 기호에 따른 제한으로서 대다수 소비자가 기업의 프라이버시 정책에 기초하여 그들의 소비의사를 기꺼이 변경하면, 그만큼 기업은 시장변화에 따르게 된다. 다른 하나는 기업의 프라이버시 관행에 대한 공표에 따른 제한이다. 기업이 소비자의 기호를 충족시키고자 충실하게 고지하면 소비자의 선택을 촉진한다. 이러한 시장모델은 중요한 요소로서 소비자의 기호와 기업의 행위가 프라이버시에 대한 관심과 이해를 제고시킨다는 점이다. 미국이나 EU와 같이 상대적으로 시장이 합리적으로 기능하는 곳에서 시장규제는 효율적이고 그 정당성을 찾을 수 있을 것이다. 그렇다면 시장이 제대로 기능하지 않는 곳에서는 어떻게 하여야 할 것인가?

한편 정부규제방식은 시장규제가 개인의 프라이버시 보호에 매우 취약하다는 가정에 기초하여 개인의 프라이버시의 보호는 정부에 의한 보다 강력한 정책과 법집행에 의해서 실현되는 것이다. 즉 프라이버시 규범이 법령, 규제기관, 법원의 판결에 의해서 정해지는 것이다. 특히 현대사회의 특징 중의 하나인 시장의 실패와 기업과 소비자 사이의 권력의 비대칭 관계를 고려할 때 시장에서 기업 또는 개인이 자율적으로 타인의 프라이버시 보호를 실현하기는 기대하기 어려우며 또한 상당히 어렵다.

민간 부문 또는 개인에 의한 개인정보의 수집은 기업과 소비자사이의 계약관계에서 시장의 실패를 여실히 보여준다. 프라이버시에 대한 시장실패의 원인은 정보 및 협상 비용에서 기인한다. 정보비용은 기업과 소비자사이의 정보가 비대칭이기 때문에 발생한다. 소비자보다는 기업이 그 정보를 얼마나 사용할 것인지를 더 잘 알고 있기 때문이다. 소비자는 기업의 프라이버시 정책의 특성을 이해하는데 상당한 비용을 지불해야 한다.

기업의 프라이버시 정책에 대한 소비자의 학습비용은 그 정책을 실제로 기업이 준수하는지 여부를 감시하기 어렵기 때문에 증대된다. 개인정보를 수집하는 기업은 그 정보를 충분히 사용하여 영업이익을 얻거나, 직접 마케팅을 하거나 또는 제3자에게 정보를 판매함으로써 그 수익을 획득한다. 계약의 관점에서 기업은 개인정보를 사용할 인센티브를 갖는데, 소비자는 그러한 정보사용을 쉽게 허용하지 않더라도 억제가 상당히 곤란하다. 소비자가 기업의 프라이버시 정책에 대한 이해와 감시능력이 부족하기 때문에 프라이버시에 대한 높은 협상비용이 증대한다는 점이다.

이러한 어려운 협상과정의 비용이 시민들 전체의 프라이버시 법익을 초과하게 된다. 정부규제의 성과는 법규범이 시장, 기술 및 프라이버시 보호의 변화에 대처할 수 있는 역량에 달려있다. 미국이나 EU와 같이 상대적으로 시장이 합리적으로 기능하는 곳과는 달리 시장의 실패할 가능성이 보다 큰 곳에서, 그리고 기업과 소비자 사이의 권력이 불균형일수록 시장에서 기업 또는 개인이 자율적으로 타인의 프라이버시 보호를 실현하기는 기대하기 어려우며 또한 상당히 어렵다.

이 때문에 프라이버시의 침해 위험이 높아지면서 강행규범이 이전보다 훨씬 많이 필요하다는 결론에 이르고 있다. 즉 시장규제가 개인의 프라이버시 보호에 매우 취약하기 때문에 프라이버시의 보호는 정부에 의한 보다 강력한 정책과 법집행에 의해서 실현되어야 한다. 하지만 정부규제만이 민간의 개인정보를 효율적으로 보호하는 수단이 아니다. 온라인 환경에서 개인정보는 정보주체, 정보제공자, 정보처리자 등에 의한 개인정보의 오 · 남용의 억제는 온라인에서 정보유통에 따른 침해를 용이하게 포착할 수 없다.

때문에 개인정보보호를 위한 정부규제의 보충방안으로서 자율규제도 적극 권장하는 정책이 중요하다. 사업자가 자율적으로 적절한 수준의 개인정보지침을 실천함으로써 시장신뢰를 구축할 수 있다. 따라서 정부와 민간 모두가 프라이버시 보호의 자율규제를 병행하는 동시에 프라이버시의 보호기술개발도 활성화하여야 한다.

6.2 분산에 의한 안전 확보

정보인권, 특히 정보프라이버시의 관점에서 보았을 때, 전자정부의 진전은 위험의 증대인가 아니면 21세기 고도정보사회와 전자정부에 있어 인간의 존엄과 가치를 재발견할 수 있는 각성의 계기가 될 것인가. 전자정부를 구현함에 있어 우리가 직면하는 가장 기본적인 딜레마는 정보의 집적 · 중앙처리를 통한 효율의 극대화 요구와 정보수집 · 관리의 분산을 통한 프라이버시의 안전의 보장에 대한 요구의 상극관계에서 비롯된다.

즉 정보를 고도로 집적하여 중앙에서 처리하도록 함으로써 정보처리시간을 단축하고 처리비용을 절약할 것인가, 아니면 정보처리의 효율성을 어느 정도 놓치더라도 정보의 분산관리방식을 통해 정보가 제3자의 손에 의하여 오 · 남용되는 사태를 예방할 것인가. 물론 이 문제에 대한 해답을 어느 한 방향에서 얻을 수는 없을 것이다. 수집 · 처리되는 정보의 특성이나 정보처리의 영향, 이해관계의 범위나 구조 등을 고려하여 어떤 경우에는 중앙집중적 처리가 적합하고, 어떤 경우에는 분산처리가 적절하다고 볼 수 있을 것이기 때문이다. 그렇다면 과연 어떤 분야에서 어떤 기준, 어떤 요소에 의하여 또한 어떤 기술수준에 입각하여 그러한 정보처리방식 및 양태를 선택해 나갈 것인가. 그러한 선택을 위한 가이드라인을 만들 수 있는가? 전자정부에서 프라이버시의 보호문제는 종종 시스템개발자들의 기술중심적 또는 기술결정론적 사고에 의해 소홀히 다루어지거나 아예 무시되는 경우가 적지 않다. 시스템에 입력되어 관리되는 개인정보에 대한 접근 또는 이용에 제한이나 장애가 없어야 그 분석, 결합 등 다양한 정보처리 방식에 의한 정보처리의 효율성이 극대화 될 수 있으므로 개인정보가 무차별적으로 공유되도록 하는 것이 바람직하다고 판단할 수도 있다.

정보주체의 동의를 묵시적으로 의제하거나 그 예상되는 처리양상을 알리지 않은 상태에서 제한적으로 요구함으로써 필요한 정보를 지득한 상태에서의 동의(informed consent)가 아니라 무지상태의 동의(uninformed consent)를 유도해낼 수도 있으며, 아예 정보주체의 동의 여지를 배제하고 정보처리 단계를 연계해 나갈 수도 있다. 그러나 이러한 극단적인 형태의 현실성과는 달리, 정보프라이버시와 같은 정보인권적 측면에 대한 감수성, 즉 정보 감수성은 정보처리의 효율성 극대화를 추구하는 시스템개발자들에게 결여되거나 미흡한 경우가 빈번히 나타난다. 예컨대 종래 종이로 된 가정환경조사서를 학교와 교사에 대한 맹목적 · 관행적 신뢰에 따라 아무런 의심 없이 적어냈던 학부모들이 새삼 교육행정정보시스템(NEIS)에 입력된 개인정보의 남용가능성을 우려하게 되었다는 사회문화적 환경변화를 지적한다고 해서 사정이 달라지는 것은 아니다. NEIS에 대해 제기된 가장 강력한 비판, 즉 현재 학생생활기록부와 건강기록부에 담겨진 250여 가지의 방대한 개인 정보들은 정부기관인 교육청 단위로 수집될 수 없는 개인의 프라이버시에 속하는 정보이므로, 정부가 이와 같은 교육관련 개인 정보를 수집하는 것은 인권 침해에 해당하는 면이 많다.

인간의 존엄과 가치가 존중되는 자유민주주의적 헌법질서 또는 자유사회의 헌법모델을 전제로 할 때, 국가가 개인의 동의 여부를 불문하고 수집 또는 접근할 수 없는 프라이버시의 최소한의 성역은 존재하여야 한다. 아무리 대다수의 사회구성원이 합의를 하거나 다수결 등 민주적 의사결정방법을 통해 그 같은 합의가 의제된다고 해도 함부로 접근하거나 침해할 수 없는 인간 최소한의 프라이버시를 인정해야 마땅하다고 생각한다.

전자정부는 더 이상 과거와 같은 대면적 방식이 아니고 익면적 방식이다. 그러므로 그 무엇보다도 사이버스페이스 시스템에 대한 신뢰와 프라이버시가 중요하다. 그러므로 정보처리의 효율성을 어느 정도 놓치더라도 정보의 분산을 통해 국민의 신뢰를 얻고 안전을 확보하는 것이 IT의 발전으로 우리에게 다가 온 전자정부의 사명이다. 결론적으로 사이버스페이스에 걸 맞는 진정한 전자정부는 국민의 신뢰와 안전을 최고의 목표로 하여야 할 것이며 이를 위해서는 정보처리의 분산을 통한 프라이버시의 보호와 안전의 확보가 필수적이다.

6.3 주민등록번호제도의 개선

IT 시대의 사이버스페이스에서 프라이버시를 보호하려면 현행 주민등록번호제도에 대한 근본적인 재검토가 필요하다. 주민등록번호제도 자체가 프라이버시 침해 요소를 갖고 있을 뿐 아니라 주민등록번호가 흩어져 있는 개인정보를 통합·프로파일링하는 수단으로 작용할 수 있기 때문이다. IT 사회인 오늘날의 관점에서 보면, 주민등록번호는 프라이버시의 침해여지를 원천적으로 열어놓은 프라이버시 침해의 촉매제에 다름 아니다. 우선 사이버스페이스에서 주민등록번호 도용행위를 방지하기 위해서는 다음의 몇 가지 방법을 생각해 볼 수 있다.

첫째, 인터넷 사업자로 하여금 주민등록번호를 수집하지 못하도록 제도화하여야 한다. 민간 인터넷 사업자의 경우 주민등록번호를 필수항목으로 수집할 정당한 이유가 없으며, 대금의 결제를 위하여 꼭 필요한 경우에도 신용카드 결제나 전자서명 등 공인인증서를 활용하도록 하고 주민등록번호는 요구하지 말아야 할 것이다.

둘째, 주민등록번호 도용에 대한 처벌을 강화하여야 한다. 정신적 · 심리적 피해가 막대한 프라이버시 침해의 경우에는 금전적인 피해가 없는 경우에도 민 · 형사상 책임을 물을 수 있어야 한다. 또한 공정거래위원회에서 제시하고 있는 인터넷 사이버쇼핑몰 표준약관 의 필수수집항목에서 주민등록번호를 시급히 삭제하여야 할 것이다.

셋째, 주민등록번호 도용에 따른 폐해를 근본적으로 방지하기 위해서는 무엇보다도 타인의 정보를 함부로 도용하거나 오 · 남용해서는 안된다는 기본 의식과 남의 정보도 나의 정보와 동일하게 소중히 다루어야 한다는 의식의 정착이 선행되어야 할 것이다. 그러기 위해서는 나의 정보도 언제든지 도용될 수 있고 자신도 어느 순간 피해자가 될 수 있다는 것을 각인하고 타인의 프라이버시 침해가 얼마나 심각한 범죄인지를 인식시키고 이의 바지를 위한 사이버 윤리 교육이 절대적으로 필요한 시점이다.

우리의 주민등록번호 체계는 개인정보 또는 프라이버시 보호 측면에서 많은 문제가 있다는 것을 위에서도 지적하였다. 그러므로 이제는 주민등록번호 체계를 폐지 아니면 수정할 시점이다. 우리의 주민등록번호는 정보화가 진전되지 않았던 개발독재시대의 기술적 환경에서 행정의 효율성 위주로 채택된 주민관리수단이었고 그 결과 효율적인 주민통제를 가능케 함으로써 정부의 성장위주 개발정책의 기반으로 기여했다.

하지만 민간 부문의 정보시장을 활성화하는 조건으로서 현행 주민등록번호 제도는 특정한 행정목적의 운전면허, 납세자번호, 건강보험제도에 의한 특정하고 제한적인 ID제도로 전환되어야 한다. 현행 주민등록번호제도는 OECD나 유럽연합의 협약에 비추어보면 정보보호원칙에 반할 뿐만 아니라, 현행 헌법상 프라이버시와 사생활의 비밀과 자유 및 정보자기결정권

에 명백하게 위배된다는 점을 상기할 필요가 있다.[80]

결국 IT 사회인 오늘날의 관점에서 보면 주민등록번호는 정보프라이버시의 침해여지를 원천적으로 열어놓은 프라이버시 침해의 촉매제에 다름아니다. 생년월일 및 성별, 출신지역 등을 쉽게 알 수 있는 주민등록번호제도를 난수화 등 새로운 식별코드체계로 변경하여야 할 것이다. 그리고 단시일내 주민등록제도의 폐지가 어렵다면 최소한 민간의 주민등록번호제도 이용을 억제하기 위하여 행정관계에서만 주민등록번호를 활용하도록 제도화하여야 할 것이다.

6.4 유비쿼터스 프라이버시

1. 유비쿼터스 컴퓨팅의 의의

저명한 미래학자 피터 드러커(Peter Druker) 교수가 "진정한 IT 혁명은 도래하지 않았다. 그 변화는 2020년경에 올 것이다"라는 예측이 유비쿼터스 시대를 의미하는 것이라고 말한다. 유비쿼터스 시대에 대비하여 우리는 무엇을 준비해야 할까. 신기술의 도래는 늘 상업적 응용과 함께 범죄에의 악용이라는 예기치 않았던 부작용을 수반했다. 가장 최근의 예를 보아도 인터넷은 정보의 공유나 생산성 향상과 같은 순기능 외에 인터넷대란과 같은 사이버테러나 개인 정보를 악용한 사기, 프라이버시 침해사고와 같은 사이버범죄라는 역기능을 가져왔다. 이에 대해 신기술에 대한 회의론자들은 목소리를 높여 미래에 대한 불안을 증폭시키고 있다.

---

80 자세한 내용은 정영화, "현행 주민등록번호의 헌법문제와 행정개선방안", 민주사회와 변론, 민주사회를 위한 변호사모임(2001).

다가오는 유비쿼터스 시대는 미지의 낙원이다. 이미 정부에서 IT 창조경제 산업에서 발표한 것과 같이 오늘날의 사회 환경과는 근본적으로 다른 세계이다. 정보보호 학자들은 지난 20년간 안전한 지식 정보사회의 구축을 위해 꾸준히 노력해 왔지만 오늘날의 컴퓨팅 환경과는 근본적으로 다른 유비쿼터스 시대에 대비해 이제 프라이버시 개념 정립부터 다시 해야 한다.

유비쿼터스 컴퓨팅은 "언제 어디에서나 존재한다"는 의미의 라틴어인 'Ubiquitous'와 컴퓨팅이 결합된 단어로 "언제 어디에서든 어떤 기기를 통해서도 컴퓨팅할 수 있는 상태"를 의미하는 것으로 사용되고 있다.[81] 이러한 용어를 처음으로 사용한 미국 제록스 팰로알트 연구소의 마크 와이저(Mark Weiser)는 1991년에 쓴 자신의 논문에서 유비쿼터스 컴퓨팅을 "어디에서든 접속이 가능한 컴퓨터환경"으로 정의하였고, 1984년 일본의 사카무라 겐 교수는 "모든 물건에 컴퓨터를"이란 슬로건으로 유비쿼터스 컴퓨팅을 설명하고 있다.[82] 유럽에서는 2001년부터 유럽연합의 정보화사회 기술계획의 일환으로 "사라지는 컴퓨팅(disappearing Computing)"이 추진되고 있는데 이것은 유럽판 유비쿼터스라고 할 수 있다.

2. 유비쿼터스 사회

"모든 물건에 컴퓨터"를 내용으로 하는 유비쿼터스 컴퓨팅 사회는 도로, 다리, 터널, 빌딩, 건물 벽, 천장, 화분, 냉장고, 구두, 시계, 종이, 물 컵, 책상 등 도시공간을 구성하는 수많은 환경과 대상물 속에 보이지 않는 컴퓨

81 정준현, 유비쿼터스 컴퓨팅과 프라이버시 보호, 제2회 개인정보보호 심포지움, 한국정보보호진흥원, 140면(2003).

82 유비쿼터스 컴퓨팅에 대해서: 유비쿼터스(Ubiquitous)를 준비하자, 중앙일보(joins.com). 2003. 5. 26.

터(스마트 더스트 칩)를 심을 뿐만 아니라[83] 인간의 인체에도 칩을 이식하거나 입는 컴퓨터를 통하여 인간을 포함한 모든 사물과 대상이 지능화되고 전자공간에 연결되어 서로 정보를 주고받는 현실공간과 사이버스페이스가 공존하는 사회인 것이다.[84]

이러한 사회에서는 개인과 물건이 언제 어디서나 제한 없는 접속을 하게 되는 결과 개인의 다양한 수요를 충족시킬 뿐 아니라 갑작스러운 병이나 위기로부터 개인구제를 가능하게 하는 등 우리 삶의 질을 획기적으로 발전시킬 수 있는 반면, 국가인권위원회가 "교육행정정보시스템(NEIS)"에 대해 인권침해적이라고 판단한[85] 직접적인 결정 근거의 하나인 본인의 동의 없는 "개인정보의 과도한 집적"의 문제를 안게 된다.

3. 유비쿼터스 사회의 문제점

종래 빅 브라더로 표현된 개인의 프라이버시에 대한 위협은 통상 정부에 의한 개인정보의 일원적 관리에 대한 상징적인 표현으로 사용된 것이었다. 그러나 오늘날에는 많은 사기업이 대규모의 개인정보 데이터베이스를 구축하고 있는 결과 분산되어 존재하고 있는 대규모의 데이터베이스는 정부가 보유한 것보다 큰 것이 적지 않고, 수집 · 축적된 개인정보가 당초의 목적과는 별개의 목적으로 이용될 기회도 적지 않은 것이 현실이다.

이러한 현실을 두고 미국 뉴욕주 법무부장관은 "제약회사가 아무런 관계

---

83 도시시설을 구성하는 모든 사물에 감지, 추적, 감시, 작동장치 역할을 수행하는 칩을 식재하고 이를 네트워크로 연결한 "SoC네트워크"가 도시의 기능을 제고하는 기본적인 인프라가 될 것이라고도 한다. 김정훈, "유비쿼터스 도시건설", 5/6 쪽.

84 물리공간이 제1공간이고 전자공간이 제2공간이라면 유비쿼터스공간은 제3공간이 된다. 이 곳에서는 물리공간과 전자공간간 단절과 지체는 사라지고 서로 공진화하여, 살아있는 공간으로서 합리성과 생산성은 그 어느 때보다 고도화될 것이다.

85 국가인권위원회, "교육행정정보시스템(NEIS)관련 권고", 2003. 5. 12. 결정.

없이 서점이 보유하고 있는 정보를 입수하는 것을 가능케 할 필요성이나 금융기관이 신용카드 신청서나 구매품목에 관한 정보를 판매할 수 있도록 할 필요가 있는 것인가" 하는 의문을 제기하면서 "기술개발에 따라 상용목적으로 개인정보를 수집 · 분석 또는 이용하는 것이 비약적으로 증가하는데도 연방 및 주에서는 대부분 이러한 정보의 수집이나 이용을 금지하고 있지 않다"면서, "현재 내가 두려워하는 것은 빅 브라더(Big Brother)가 아니라 빅 브라우저(Big Browser)"[86] 라고 하여 정보통신서비스업자를 경계하였다.

그러나 유비쿼터스 컴퓨팅 사회는 드러난 컴퓨팅에 의해 한정된 공간에서 일정한 명령행위에 의해 개인 행적을 어느 정도 분산 · 디지털화하는 기존의 IT 사회와는 달리 숨겨진 컴퓨팅에 의해 일정한 명령행위 없이[87] 언제 어디에서나 개인의 행적을 집약적 · 전자적 기록으로 남기는 것이다. 전자적 측면에서는 일정한 목적범위 내에서 개인을 완전히 발가벗기는 사회라고 할 수 있고 그 점에서 개인 프라이버시의 한계와 그 보호가 핵심과제로 대두되는 사회[88] 라고 할 수 있다. 따라서 유비쿼터스의 사회는 무엇보다도 빅 브라우저에 의한 개인지배를 더욱 경계해야 하는 사회라고 할 수 있는 것이다.

특히, 정부개입을 가능한 저지하려는 "인터넷 가버넌스"[89] 의 움직임과

---

86 John Caher, "Big Browser has replaced Big Brother", NYAG Says(Jan. 24, 2000) 〈http://www.nylj.com/stories/00/01/012400a2.htm〉.

87 "명령 없이도 컴퓨팅 서비스 받는 세계 … 유비쿼터스", http://www.logis-net.co.kr/gisa/2003009/030930-7.htm. 3/3쪽.

88 작금의 정보화사회가 사이버 공간과 현실공간의 이원적 분립상태라고 한다면 유비쿼터스 컴퓨팅 사회는 이를 두개의 공간이 결합하는 새로운 사회로도 이해할 수 있다. 같은 취지, "명령없이도 컴퓨팅 서비스 받는 세계 … 유비쿼터스", 1/3쪽.

89 "인터넷 자율규제와 거버넌스", http://www.ytimes.org/news/view.php?news_num=3803.

관련할 때 빅 브라우저에 의한 개인 프라이버시 침해의 문제에 있어 국가의 역할한계를 어디까지 설정할 것인가 하는 것은 향후 중요한 쟁점이 될 것이다.[90]

4. 유비쿼터스 프라이버시

앞에서 살펴 본바와 같이 유비쿼터스 사회는 사람을 비롯한 모든 물건에 숨겨진 컴퓨팅에 의해 일정한 명령행위 없이 언제 어디서나 개인의 행적을 집약적 · 전자적 기록으로 남기는 것이다. 전자적인 측면에서 한편으로는 자신의 다양한 수요를 충족시키기 위해 일정한 목적 범위 내에서 자신을 공개하면서도 다른 한편으로는 자신의 행적을 타인의 권한 없는 적극적 · 소극적인 관여로부터 보호해야 하는 사회임을 감안할 때 프라이버시권의 보호가 가장 중요한 역할을 하게 될 것임을 명심하여야 할 것이다.[91]

---

90 2003년 11월 27일 전자정부 연찬회에서 김태유 청와대 정보과학기술보좌관은 "단순한 집행기능은 민간에 대폭 이양되고 정부는 네트워크 조정자 혹은 지식개인정보처리자로 전환될 것"이란 전망을 제시하고 있다, "미래 전자정부는 네트워크조정자", http://www.etnews.co.kr/news/detail.html?id, 2003. 11. 26.

91 유비쿼터스 혁명이 시작되었다. 전자신문 2003년 10월 13일.

■ 참고문헌

— 국내문헌 —

강홍렬 · 윤준수 · 황경식, 고도정보사회의 정보윤리확립을 위한 정책방안, 정보통신정책연구원(1997).

권영성, 헌법학원론(2002).

김정훈, 유비쿼터스 도시건설(2002).

로렌스 레식/김정오 역, 코드: 사이버스페이스의 법이론(2001).

성경.

성선제, 완벽한 감시사회로 가고 있는가, 전자정부 포럼 제2회 토론문(서울대학교 행정대학원 한국정책지식센타)(2003).

I. B. 비숍/신복룡 역주, 조선과 그 이웃 나라들, 한말외국인 기록 21(1999).

L. H. 언더우드/신복룡 역주, 상투의 나라, 한말외국인 기록 15(1999).

이재일, 주민등록번호 도용에 대한 문제점 및 개선방안, 제2회 개인정보보호 심포지엄(2003).

정영화, 정보사회의 프라이버시 보호를 위한 정책과제, 프라이버시 보호 네트워크 제1차 정기토론회(2002).

정영화, 사이버스페이스와 프라이버시, 헌법학연구(제6권 제3호), 한국헌법학회(2000).

정영화, 현행 주민등록번호제도의 위헌성과 그 제도개선방안, 민주사회와 변호, 민주사회를 위한 변호사모임(2001).

정준현, 유비쿼터스 컴퓨팅과 프라이버시 보호, 제2회 개인정보보호 심포지엄, 한국정보보호진흥원(2003).

헌법재판소, 사이버스페이스상의 표현의 자유와 그 규제에 관한 연구, 헌법재판연구 제13집(2002).

표창원, 범죄취약 공공장소 설치 CCTV의 필요성과 인권적 함의, 전자정부 포럼 제2회 발제문(서울대학교 행정대학원 한국정책지식센타)(2003).

홍준형, 전자정부와 정보프라이버시의 보호, 서울대학교 행정대학원 한국정책지식센터, 전자정부포럼 제5회 프라이버시 보호법제, 어떻게 운영할 것인가(2003).

황인호, 개인정보보호제도에서의 규제에 관한 연구 – 제도의 재구조화를 위한 입법론을 중심으로 –, 공법연구(제30집 제4호), 한국공법학회(2001).

황인호, 미국에서 프라이버시권의 전개과정에 관한 고찰, 토지공법연구 제19집(2003).

2002.9.10 서울지방법원 선고, 2002 고단 3514.

국가인권위원회, 교육행정정보시스템(NEIS)관련 권고, 2003. 5. 12. 결정.

국민일보, 2003년 7월 3일.

세계일보, 2003년 6월 30일.

전자신문, 2003년 11월 26일, http：//www.etnews.co.kr/news/detail.html?id.

전자신문, 2003년 10월 13일.

중앙일보(joins.com), 2003년 5월 26일.

한겨레신문, 2003년 10월 19일.

한겨레신문, 2003년 6월 25일.

한겨레신문, 2000년 3월 19일.

Nicholas Negroponte/백욱인(역), 디지털이다(1995).

— 해외문헌 —

Anita L. Allen, Uneasy Access: Privacy for Women in a Free Society(1988).

Irwin Altman, The Environment and Social Behavior: Privacy, Personal Space, Territory, Crowding(1975).

Stuart Biegel, Beyond Our Control? (2001).

Edward Bloustine, Privacy as an Aspect of Human Dignity, 39 New York Univ. Law Review, 971(1964).

John Caher, "Big Browser has replaced Big Brother", NYAG Says(Jan. 24, 2000)
⟨http://www.nylj.com/stories/00/01/012400a2htm⟩.

Chatterton, M., Sheltered Accommodation for elderly, in Focus on Police Research & Development, Home Office Department Issue no.2(1993).

Jerry Kang, Information Privacy in Cyberspace Transactions, 50 Stanford L. Rev. 1193 (1998).

M. Ethan Katsh, Rights, Camera, Action: "Cyberspatial Settings and the First Amendment", 104 Yale. L. J. 1681(1995).

Ruth Gavison, Privacy and the Limits of Law, Yale Law Journal 421(1980).

Rob kling and Ya-ching Lee, Assessing Anonymous Communication on the Internet: Policy Deliberations, The Information Society, vol. 15(1999).

Stephen T. Margulis, Conceptions of Privacy: Current Stays and Next Steps, 33 The Journal of Social Issues 3(1977).

Gary Marx, What's In A Name? Some Reflections on the Sociology of Anonymity, Information Society, vol.15(1999).

Al Teich, Mark S. Frankel, Rob Kling, and Ya Ching Lee, Anonymous Communication Policies for the Internet: Results and Recommendations of the AAAS Conference, The Information Society, vol. 15(1999).

Robert C. Post, The Social Foundations of Privacy: Community and Self in Common Law Tort, 77 Calif. L Rev. 957(1989).

Richard C. Turkington and Anita L. Allen, Privacy Law(1999).

Ruth C. Turkington, Legacy of the Warren and Brandeis Article: The Emerging Unencumbered Constitutional Right to Informational Privacy, 10 N. III. Univ. L. Rev. 479(1990).

Samuel Warren and Louis Brandeis, The Right to Privacy, 4 Harvard Law Review 193(1890).

Alan F. Westin, Privacy and Freedom(1975).

The Privacy Act of 1974.

California v. Ciraolo, 476 U. S. 207(1986).

Olmstead v. U.S., 277 U. S. 438(1928).

Reno v. American Civil Liberties Union, 521 U. S. 844(1997).

Whalen v. Roe, 429 U.S. 589(1977).

찾아보기

한글

ㄱ

ㅅ

ㅇ

기타

저자약력

성선제

- 고려대 법대 졸업
- 인디애나대 법학 석사
- 위스콘신대 법학 박사
- 미국 뉴욕주 변호사
- 사시, 행시, 변호사시험위원 역임
- 현 서울과학종합대학원 교수

사이버프라이버시

2014년 1월 24일 | 초판 인쇄
2014년 1월 29일 | 초판 발행

지은이 | 성선제
발행인 | 김은중
발행처 | (주)서울경제경영출판사
북디자인 | (주)우일미디어디지텍

주 소 | 120-808 서울특별시 서대문구 신촌로 203 (대현동) 대현빌딩 6층
전 화 | 02)313-2682
팩 스 | 02)313-8860
등 록 | 1998년 1월 22일 제5-63호

ISBN 978-89-97937-18-9 93360 정가 15,000원